Spirituell bewusst leben

GARY QUINN

Spirituell bewusst leben

10 Schritte zur Erweckung Deiner innersten Kraft

Aus dem Englischen übersetzt
von Karin Weingart

Ansata

Die englische Originalausgabe erschien 2004
unter dem Titel »Living in the Spiritual Zone«
im Verlag Hodder and Stoughton,
a division of Hodder Headline, London.

Ansata Verlag
Ansata ist ein Verlag der Verlagsgruppe Random House GmbH.

ISBN 3-7787-7295-3

1. Auflage 2005

Redaktion: Anja Schmidt
Einbandgestaltung: Reinert & Partner, München,
unter Verwendung einer Illustration von Thomas Reinert
Gesetzt aus der Sabon und Friz Quadrata
bei C. Schaber Datentechnik, Wels
Druck und Bindung: GGP Media GmbH, Pößneck

Dieses Buch ist allen
spirituell Suchenden gewidmet. Wer seinem
inneren Pfad folgt und ihm vertraut,
wird nur Großartiges erleben.

Inhalt

Einleitung 9

STUFE EINS
Die Reise ins spirituelle Land

1. Wecken Sie Ihr Bewusstsein 31
2. Lassen Sie Ihre Vergangenheit los, und beschließen Sie, sich zu lieben 59
3. Verzeihen Sie, damit Sie die Liebe empfangen können, die Sie verdient haben 83

STUFE ZWEI
Spirituelles Bewusstsein entfalten

4. Aktivieren Sie Ihre Entscheidungsfreude 111
5. Nehmen Sie die Unterstützung wahr, die Sie bekommen 131
6. Programmieren Sie sich neu, um alte Verhaltensmuster zu verändern 147

STUFE DREI
Spirituell bewusst leben

7. Erkennen Sie Ihre Schöpferkraft 165
8. Genießen Sie finanzielle Freiheit 183
9. Leben Sie im Dienst der Spiritualität 201
10. Visualisieren Sie das Leben, das Sie sich wünschen 217

Nachwort 229
Postskriptum 231
Dank 237
Literaturhinweise 239

Einleitung

Glückwunsch! Mit dem Kauf dieses Buches haben Sie sich dafür entschieden, spirituell zu leben – voller Vertrauen, Frieden, Liebe, Zugehörigkeit, Freude und Fülle. Fühlen Sie sich zurzeit frustriert, sind Sie festgefahren, einsam, voller Sorgen, bedürftig oder pleite, so kann das durchaus an den eingeschränkten Möglichkeiten liegen, die Sie sich selbst (bewusst oder unbewusst) zugestehen. Das Land der Spiritualität, in das Sie nunmehr reisen werden, bietet Ihnen ein Panorama grenzenloser Möglichkeiten, eine Sphäre in Ihrem Inneren, in der Sie ein integraler Bestandteil des Großen Alles-was-ist sind, dessen legitimes Geburtsrecht darin besteht, alle Ressourcen des Universums voll ausschöpfen und genießen zu dürfen. Und dieses Land der Spiritualität ist gar nicht weit weg, nur zehn Schritte – einen Katzensprung vom Schauplatz Ihrer gegenwärtigen bescheidenen Existenz entfernt; bis wir angekommen sind, werde ich Ihnen helfen, sich wieder mit Ihrer wahren Identität zu verbinden, der Liebe. Unsere wichtigsten Hilfsmittel werden Vertrauen und Vergebung sein.

Alle Menschen sind im Kern spirituelle Wesen; aber die Schwerkraft unserer konkreten Umwelt und die üble Sogwirkung des Materialismus haben dazu geführt, dass viele diese essenzielle Wahrheit vergessen haben. Mit diesem Buch beabsichtige ich Sie aufzurütteln und Ihnen in Erinnerung zu rufen, dass Sie tatsächlich ein spirituelles Wesen sind und dass die Liebe der natürliche Ausdruck Ihrer Spiritualität ist. Betrachten Sie mich bitte als Ihren Reiseführer, wenn Sie nun zum Abenteuer Ihres neuen Lebens aufbrechen.

Erinnern Sie sich an Dinge, die so überwältigend schön waren, dass es Sie einen Moment lang völlig aus Ihrer gewohnten Alltagsroutine gerissen hat – ein atemberaubender Sonnenaufgang in allen Rot- und Rosatönen, die umspannende Rundung eines Regenbogens, der intensive Blickkontakt mit einem kleinen Kind, fröhliches Vogelgezwitscher, die unverhofft freundliche Geste eines Fremden. Alles Mögliche kann uns plötzlich wachrütteln und die Schönheit und Güte des Lebens vor Augen führen; solche überraschenden Momente eines erweiterten Bewusstseins gestatten uns einen kurzen Blick auf die Wunder des spirituellen Lebens, das von Grund auf gut und schön ist.

Ob Sie sich dessen bewusst sind oder nicht: Ihr ganzes Leben wird von den Entscheidungen geprägt, die Sie bewusst oder unbewusst geistig treffen. Auf der Ebene Ihres Geistes schreiben Sie auch das Drehbuch, das Sie in den Kulissen der materiellen Wirklichkeit verfilmen. Alle Menschen sind erhabene spirituelle Wesen in unterschiedlichen Entwicklungsstadien. Stellen wir uns bewusst auf diese Wahrheit ein, fließen wir in Liebe, Frieden und Fülle nur so dahin; lassen wir uns aber von Ängsten und Illusionen in einen Zustand engstirnigen Selbstschutzes hineinziehen, so verebbt dieser Fluss. Wenn wir mit unserem spirituellen Selbst eins sind, finden wir innere Führung, Frieden, Wohlstand, echte Partnerschaft, Verbundenheit, Mitgefühl, Liebe, einen Sinn im Leben und auf allen Ebenen Erfüllung. Ängste, die uns Grenzen setzen, Selbstzweifel, Bewertungen und die Verlockungen des Materialismus lenken uns jedoch häufig von unserer spirituellen Wahrheit ab. Mit den Anleitungen und Beispielen in diesem Buch hoffe ich Sie anregen zu können, die Wahrheit zu wählen, was immer geschieht, und fortwährend Vergebung zu üben, damit Sie die Illusionen, die der erhabenen Liebe und dem majestätischen Licht im Wege stehen, die Ihr Geburtsrecht als spirituelle Wesen sind, erkennen und abstreifen können. Stellen Sie sich vor, Sie kommen nach Hause. An diesem Ort, an den Sie gehören, heiße ich Sie jetzt wieder herzlich willkommen.

Meinen ersten bewussten Kontakt mit der Spiritualität hatte ich vor vielen Jahren in Notre-Dame. Ich war nach Paris gezogen, weil man mir dort einen Plattenvertrag angeboten hatte. Meinen Job und mein ganzes Umfeld in Los Angeles hatte ich aufgegeben, nur um dann in Frankreich zu erfahren, dass der Vertrag geplatzt war. Meine Enttäuschung war dermaßen groß, dass ich emotional in ein völliges Chaos geriet. Auf der verzweifelten Suche nach innerer Führung stattete ich Notre-Dame drei Wochen lang täglich einen Besuch ab und betete um ein Zeichen, was ich tun solle. Am dritten Tag der dritten Woche hatte ich eine Vision, die mein gesamtes Leben verändern sollte. Ich saß allein in der beinahe menschenleeren Kathedrale, als ich mich plötzlich veranlasst sah, den Blick zu heben. Von der

Decke herab ergoss sich purpurfarbenes Licht über mich, und um mich herum sah ich Engel tanzen, die mich auf telepathischem Wege wissen ließen, dass ich vertrauen solle; es sei meine Bestimmung, in Paris zu sein, ich würde geführt und beschützt. Sie machten mir die spirituellen Aspekte meiner selbst bewusst, welche meine physische Erscheinung erschaffen und mit Energie versorgen. Es war eine unmittelbare Erfahrung der unergründlichen spirituellen Welt, die hinter der gemeinen physikalischen Wirklichkeit am Werk ist – jener spirituelle Ort, an dem unser Leben in Wahrheit erschaffen wird. Schnell lernte ich, dass ich mir durch Liebe, Wahrheit und Vergebung Zugang zu dieser Sphäre verschaffen konnte, und erfuhr, dass meine Mission darin besteht, anderen von diesem tieferen Aspekt ihres Wesens zu berichten. Diese innere Sphäre nenne ich heute »spirituelles Leben« beziehungsweise »Land der Spiritualität«.

Es ist ein Daseinszustand mit ganz speziellen Zutrittsregeln, einer eigenen Sprache, mit Bräuchen, Verhaltenskodizes, Ernährungsempfehlungen, Benimmregeln, Verantwortlichkeiten und einer eigenen Ethik. Viele von Ihnen haben jetzt bestimmt ein komisches Gefühl, wenn sie daran denken, solch unbekanntes Territorium zu betreten; anderen ist es von vornherein vertrauter, da sie gewisse Teilbereiche des Landes der Spiritualität schon von früheren Ausflügen kennen; und wieder andere werden diese Reise ins Land der Spiritualität sofort als das erkennen, was sie ist: ein glückliches Heimkommen. Als Ihr Reiseleiter bin ich für jeden von Ihnen da. Ich werde Sie mit den örtlichen Gepflogenheiten vertraut machen, Ihnen weiterhelfen, falls Sie sich verlaufen, und Ihnen Trost spenden, wenn Sie einmal das Gefühl bekommen sollten, Sie hätten die falsche Tour gebucht.

Auf der Suche nach Ihrem persönlichen Land der Spiritualität haben manche von Ihnen größere Entfernungen zurückzulegen als andere; Ihre früheren Lebensumstände haben Sie vielleicht sehr weit von Ihrem spirituellen Zuhause weggeführt. Das macht aber nichts, denn wir reisen schneller als das Licht: Wir reisen mit Einsichtsgeschwindigkeit. Ich halte Landkarten, Bilder und perspektivische Zeichnungen für Sie bereit, außerdem verschiedene Hilfsmittel, Wegbeschreibungen und jede nur denkbare Unterstützung. Ich werde Ihnen Vertrauen vermitteln und Sie so lange coachen, bis Sie sich da, wo Sie herkommen und immer hingehört haben, wieder rundum wohl fühlen: im Land der Spiritualität, im spirituellen Leben.

Meine Aufgabe besteht darin, Sie daran zu erinnern, dass wir alle spirituelle Wesen sind. Für die Inkarnation im physischen Leib entscheiden wir uns nur, um die Fülle an Erfahrungen sammeln zu können, die uns die materielle Wirklichkeit bietet. Unser Körper befähigt uns, zu sehen und zu hören, etwas zu berühren, zu schmecken und zu riechen; er ermöglicht uns einen phantastischen, einzigartigen Kontakt mit anderen inkarnierten spirituellen Wesen. Unser Körper verschafft uns so viele Möglichkeiten, aber wir sind nicht mit ihm identisch – er ist nur ein Hilfsmittel bei unserem Streben nach Erfahrung. Wenn wir beschließen, unseren Körper als Werkzeug zu betrachten, haben wir den ersten Schritt bereits getan. Dann können wir über ihn hinausschauen und uns mit dem bedeutend größeren spirituellen Wesen identifizieren, das unser wahrhaftiges unbeschränktes Ich ist: unser königliches Selbst.

Wenn wir spirituell leben, erkennen wir, dass wir keineswegs von den Zwängen eingeengt werden, die wir fälschlicherweise mit unserem physischen Ich und der materiellen Wirklichkeit verbinden – und dass es auch nie so war. Wir nehmen uns als wahrhaft kreative Lebewesen wahr, die sich ihre materielle Wirklichkeit selbst erschaffen haben. Als solchen ist uns bewusst, dass wir uns um der zahllosen möglichen Erfahrungen willen dafür entschieden haben, in einen Körper einzutreten. Wenn wir uns für die Spiritualität entscheiden, verändert sich die Perspektive. Dann fühlen wir uns nicht länger eingeengt, sondern wissen das unbeschränkte Potenzial unseres königlichen Selbst zu schätzen.

Diese neue Perspektive hat zahlreiche praktische Auswirkungen. Haben Sie das Land der Spiritualität erst einmal betreten, werden Sie erkennen, dass Ihr Leben aus unzähligen Wahlmöglichkeiten besteht. Vielleicht werden Sie feststellen, dass Sie sich unbewusst dafür entschieden haben, einsam, hungrig, arm oder unglücklich zu sein. Jetzt können Sie sich umentscheiden, eine andere Wahl treffen. Das meine ich, wenn ich von »Einsichtsgeschwindigkeit« spreche. Sowie Ihnen erst einmal bewusst ist, dass Sie sich Ihre Lebensumstände selbst erschaffen haben, um sich bestimmte Lektionen zu erteilen, können Sie diese analysieren, sie in die Weite Ihres Seins integrieren und sich etwas weniger Schmerzhaftem und Erhebenderem zuwenden.

Sie *können* so weit kommen. Sie sind ja schon auf dem Weg. Und ich bin Ihr Reiseleiter. Aufgrund einer bewussten Entscheidung lebe ich bereits spirituell und Sie im Grunde auch, obwohl Sie es vielleicht vergessen haben. Ich begleite Sie durch den Prozess des Erinnerns. Den ersten Schritt haben Sie bereits getan, als Sie sich diesen Reiseführer hier zugelegt haben: Sie haben sich entschlossen, Veränderungen zuzulassen. Dieser scheinbar so simple Tatbestand hat Ihre spirituellen Führer und Verbündeten sowie die Engel in Habachtstellung gebracht. Sie warten jetzt nur darauf, Ihnen bei Ihrem großen Erwachen behilflich sein zu dürfen.

Ihre Reise ins Land der Spiritualität können Sie angehen wie jede andere Reise auch. Wenn Sie Ihren Sommerurlaub zum Beispiel in Italien verbringen wollten, würden Sie sich doch bestimmt darauf vorbereiten, indem Sie so viel wie möglich über die Italiener und ihre Bräuche in Erfahrung zu bringen versuchen. Wie gehen die Italiener miteinander um? Wie verhalten sie sich? Welche Etikette herrscht bei ihnen? Was wissen Sie über die Sprache? Wie ist das italienische Essen?

Bei aller Vorfreude auf Ihren Italienurlaub sind Sie aber bestimmt auch ein bisschen nervös. Schließlich verlassen Sie die Behaglichkeit Ihrer vertrauten Umgebung (so unbehaglich sie vielleicht sein mag) und besuchen das Unbekannte. Egal, ob Sie Zeuge der Erhabenheit des David von Michelangelo oder der Hand Gottes an den Deckengemälden der Sixtinischen Kapelle werden, ob Sie in Venedig eine romantische Gondeltour unternehmen oder den Thrill einer Fahrt entlang der Küste von Amalfi in einem offenen Alfa Romeo erleben – solange Sie nicht da sind und all diese tollen Erfahrungen tatsächlich machen, so lange also, bis Sie sich mit ihnen vertraut gemacht haben, so lange haben Sie aller Wahrscheinlichkeit nach auch ein bisschen Angst vor dem Unentdeckten. Wie hält man eigentlich eine Gondel an? Wo kann man einen Alfa Romeo mieten? Wie bestellt man Pasta? Wie macht man sich mit dem Fremden vertraut? Ich bin Ihr Reiseführer, werde im Land der Spiritualität mit Freuden alle Ihre Wünsche erfüllen.

Als Erstes werden wir uns damit beschäftigen, welche Reisevorbereitungen wir zu treffen haben: was wir mitnehmen und was wir alles dalassen. Das setzt voraus, dass Sie sich ernsthaft mit Ihren gegenwärtigen Überzeugungen auseinander setzen. Denn das, was Sie heute als Ihr Leben kennen, ist das Ergebnis Ihrer Überzeugungen. Wir werden die Gedanken und emotionalen Bindemittel untersuchen, die uns an unserer Lebenswirklichkeit festhalten lassen, und Möglichkeiten erörtern, uns davon zu befreien. Wenn wir dann reisefertig sind, geht es gleich los. Wie wir das Land der Spiritualität erreichen? Mit Phantasie, Einsicht, Übung – und viel Loslassen.

Stellen Sie sich vor, Sie seien im Training. Ich zeige Ihnen ein paar Meditationen und Übungen, mit denen Sie sich körperlich und mental für die Reise fit machen können. Auch werden wir einiges über lokale Bräuche und Regeln erfahren – und übers Essen. So werden Sie zum Beispiel lernen, wie man sich in den Breitengraden der Spiritualität richtig ernährt.

In meiner Arbeit als spiritueller Lehrer, Lebensberater und Autor bin ich ziemlich viel unterwegs, halte Workshops und Seminare oder mache Lesereisen. Als ich mich vor gar nicht so langer Zeit auf eine Dreißigstädtetour vorbereitete, die mich zunächst nach England und dann durch die Vereinigten Staaten führen sollte, hörte ich eine laute innere Stimme: Ich müsste noch etwas tun, um die Qualität meiner Arbeit zu verbessern. Kurz zuvor hatte ich in Los Angeles einen Vortrag von einem Mann namens Serrano Kelly gehört. Er hatte etwas gesagt, was mich von Grund auf veränderte: »Wenn Sie diese Erde einmal verlassen, dürfen Sie nichts bereuen.«

Dieser einfache Satz hatte mich getroffen wie ein Blitz. Ich war mir bewusst, dass ich diese spezielle Botschaft in diesem speziellen Moment zu einem ganz speziellen Zweck erhalten hatte. Obwohl ich bewusst spirituell lebte, wurde mir plötzlich klar, dass ich noch einiges auszubügeln hatte und sowohl emotional als auch spirituell ein gründlicher Hausputz nötig war, bevor ich glaubwürdig im Dienste der spirituellen Wahrheit auf Tour gehen konnte. Ich musste meinen Zugang zur Spiritualität vertiefen.

Ich begann meine Beziehungen unter die Lupe zu nehmen. Auf der Stelle fielen mir drei ein, die nicht in Balance waren, in denen noch keine Wahrheit herrschte. Zeit, das auf die lange Bank zu schieben, hatte ich nicht, schließlich wollte ich bald für länger verreisen. Also rief ich die erste Person auf der Liste an, eine frühere Partnerin, von der ich mich getrennt hatte, als ich an meinem ersten Buch schrieb, *Von Engeln geleitet*. Ich war seinerzeit so mit dem Schreiben und meinen anderen Arbeiten beschäftigt gewesen, dass ich die Beziehung völlig vernachlässigt hatte. Sogar unseren Jahrestag hatte ich vergessen! Darüber war meine Ex sehr sauer und enttäuscht gewesen. Was konnte ich jetzt tun? Ich schickte ihr einen großen Blumenstrauß und eine Glückwunschkarte mit den Worten »Alles Gute zum Jahrestag, wenn auch leider etwas verspätet«. Daraufhin verabredeten wir uns zum Essen, und ich entschuldigte mich dafür, dass ich in unserer Beziehung damals so wenig präsent gewesen war. Als ich das sagte, ging mir plötzlich auf, dass ich in dieser Beziehung emotional immer etwas blockiert gewesen war. Auf einem tiefen spirituellen Level hatte ich mich ihr verweigert. Etwas gegeben hatte ich schon, aber nicht mich. Als mir diese Wahrheit über mich und mein Leben klar wurde, fing ich mitten im Lokal an zu weinen. Es war, als wäre ein Damm gebrochen und all die Blockaden, von denen mein Liebesleben geprägt gewesen war, hätten sich plötzlich aufgelöst. Meine Exfreundin und ich unterhielten uns ausführlich über unsere jeweiligen Schwächen und über die Ressentiments und Schmerzen, die daraus erwachsen waren. Wir vergaben einander und fühlten uns sehr erleichtert. Auch mir vergab ich meine damaligen Fehler. Als die Wahrheit auf dem Tisch lag, war aller Groll verschwunden, und wir konnten gute Freunde werden.

Als ich an jenem Abend nach Hause kam, rief ich einen Freund an, den in Frankreich lebenden Maler Harold Dupré. Seit fünfzehn Jahren standen wir uns sehr nahe, in dieser ganzen Zeit aber hatte ich nie auch nur ein Wort der Hochachtung für seine künstlerische Begabung gefunden. Und dabei ist er ein so wunderbarer, überaus talentierter Künstler! Bis zu diesem Moment, in dem mir aus der Perspektive der Spiritualität heraus bewusst wurde, wie sehr ich das bedauerte, war mir nicht einmal klar gewesen, dass ich Harold meine Anerkennung vorenthalten hatte – aus lauter Unsicherheit. Als ich an diesem Abend mit ihm telefonierte, sagte ich ihm in aller Aufrichtigkeit, dass ich ihn für einen unglaublich begabten Maler halte. In diesem Telefonat brachte ich das ganze Lob, das ich in den vielen Jahren zurückgehalten hatte, zum Ausdruck. Dabei spürte ich förmlich, wie mein Herz größer wurde. Je mehr ich Harold gab, desto mehr hatte ich auch das Gefühl, geben zu können. *Mir* geben zu können.

Am nächsten Morgen besuchte ich meine Mutter. Da sie mehrmals verheiratet war, mussten wir während meiner Jugend häufig umziehen, und ich ging in zwölf Jahren auf sechzehn verschiedene Schulen. Trotz der vielen Stiefväter und der andauernden Instabilität, die sich daraus für mich ergeben hatte, ist mir heute klar, dass meine Mutter ihre Aufgabe so gut erfüllt hatte, wie sie nur konnte. Ich setzte mich neben sie aufs Sofa, und zum allerersten Mal sagte ich ihr das. Ich sagte ihr ganz direkt, dass sie als Mama einen tollen Job gemacht hatte. Dass ich dankbar bin für ihre Liebe, ihr Wissen und alles, was sie mir gegeben hat, und dass ich sie einfach klasse finde. In diesem Moment veränderte sich ihre ganze Energie. Eine große unbewusste Anspannung war plötzlich weg. Ich empfand es als immense Veränderung – so, als sei mir eine ganze Wagenladung von Steinen vom Herzen gefallen. Meine Mutter nahm mich in den Arm, und plötzlich wusste ich, dass wir von nun an eine gleichberechtigte, ehrliche Beziehung zueinander haben konnten.

So hat die Spiritualität in mir gewirkt. Bevor ich nach England reisen und die spirituellen Erkenntnisse verbreiten konnte, die mit meinem Engel-Buch zusammenhingen, verlangte mein spirituelles Selbst, dass ich die schädlichen Ressentiments und mein Bedauern losließ, an denen der weniger bewusste Anteil meiner Persönlichkeit noch festhielt. Ich hatte keine andere Wahl; ich musste meiner Wahrheit ins Auge sehen, ehe ich mich an die spirituelle Arbeit machen konnte, die mich rief. Bevor ich sprechen konnte, musste ich tun, was ich sagte. Dabei fühlte ich, wie aus Gary dem Dozenten und Intuitiven Gary der Teilhaber an der Wahrheit wurde. Und in dieser Wahrheit komme ich den Menschen auf wundersame Weise näher als je zuvor. Aufgrund meiner bewussten Absicht, spirituell zu leben, wurde ich zu Gary im Fluss und im Dienst der Spiritualität.

In allen drei Beziehungen, von denen ich gerade gesprochen habe, hielt ich etwas zurück: Dank, Anerkennung, Lob, Liebe, meine wahren Gefühle, mich selbst. Angst war es, die dafür gesorgt hatte, dass ich mich zurückhielt, die Angst davor, dass für mich selbst weniger übrig bleiben könnte, wenn ich den Menschen die Liebe oder Anerkennung gab, die sie verdient hatten. Statt ein Springbrunnen der überfließenden spirituellen Wahrheit zu sein, hatte ich wie ein Ventil funktioniert, so getan, als wäre das Gute um uns herum rationiert, als bliebe weniger für mich, wenn ich das Gute in anderen Menschen anerkennen würde. Spirituell ist das Gegenteil wahr. Je ungehinderter wir die spirituelle Wahrheit durch uns fließen lassen, desto leichter können uns die überraschenden, wunderbaren Gaben, die unsere Spiritualität für uns bereithält, auch erreichen.

Wenn wir aus der Wahrheit kommen, aus dem höheren Bewusstsein, dann verändern sich unsere Wünsche, aber auch das Verhältnis, das wir zu ihnen haben. Wenn wir spirituell leben, dürfen wir fest darauf vertrauen, dass unsere Wünsche gesund und ehrenwert sind. Dann gibt es keinen wahnhaften Wettbewerb mehr, der uns suggeriert, dass unsere Bedürfnisse nur auf Kosten anderer zu befriedigen seien. Dann müssen wir uns nicht länger auf Kompromisse einlassen, die nur unsere vermeintliche Wertlosigkeit reflektieren. Dann kann ich versuchen, mir meine wahren Wünsche unmittelbar zu erfüllen, voller Liebe und ohne Schuldgefühle, dass mein Sieg den Verlust eines anderen nach sich ziehen könnte. Indem ich jede Gelegenheit wahrnehme, mein wahres Selbst zu leben, ehre ich das Eine Wahre Selbst, das Alles-was-ist, von dem ich ein Teil bin. Wenn ich spirituell – in Verbundenheit mit diesem Ganzen – lebe, weiß ich, dass meine wahren Bedürfnisse nicht auf Kosten anderer befriedigt werden – denn die Wahrheit kennt weder Knappheit noch Mangel. Mein Gewinn ist auch Ihr Gewinn und Ihr Gewinn ist auch meiner, denn in Wahrheit sind wir alle eins. Aus dieser Wahrheit heraus bringe ich in alle Umstände, Beziehungen und Unternehmungen ein ganz anderes Selbst ein und muss nicht länger mein Getrenntsein verteidigen, sondern kann alle Entscheidungen im Geiste der Einheit und der Wiedervereinigung treffen. Das Ergebnis ist eine tief befriedigende Erfahrung des spirituellen Flusses. Das ist das wahre Wesen eines spirituellen Lebens.

Damit Sie sich ein Bild von diesem Leben verschaffen können, nehmen Sie sich doch bitte einen Moment Zeit, und stellen sich vor, Sie wären ein Brunnen. Vielleicht der berühmte Trevi-Brunnen in Rom oder auch einer ganz in Ihrer Nähe. Aus unergründlicher Tiefe sprudelt Universelle Energie, sie fließt durch Sie hindurch und aus Ihnen heraus. Dieser großartige Fluss hält Sie und alles, womit Sie in Kontakt kommen, in Gang; er ist erfrischend, inspirierend, stärkend. Sie vermitteln Bestätigung, Fülle, Überfluss und Liebe. Die Universelle Quelle lässt unerschöpfliche Vorräte an Kraft spendender Energie, an Liebe und Ideen durch Sie hindurchfließen und sich majestätisch in die Welt ergießen.

Sie sind ein Brunnen im Dienste der Spiritualität. Dieses Selbstbild hat Schlüsselbedeutung. Stimmen Sie sich einen Moment darauf ein, und nehmen Sie wahr, wie Sie von der spirituellen Energie durchdrungen werden. Es ist Ihr göttliches Recht. Für die Quelle sind Sie der Kanal. Sie baden sich selbst, Ihre Familie und Ihre Freunde sowie alle, die mit Ihnen in Beziehung stehen, in Universeller Energie – und dadurch erzeugen Sie Lächeln und Ideen, bringen Herzen und Blumen zum Erblühen.

Stellen Sie sich dann vor, Sie wären ein Ventil.

Sie haben es auf sich genommen, den Fluss der Universellen Energie zu lenken, Sie rationieren alle Güte, die Liebe und den Wohlstand in Ihrem Leben – aus lauter Angst, diese Gaben könnten kleiner werden oder ganz verschwinden. Als Ventil stehen Sie im Dienste der Knappheit, des Zweifels und der Angst, den großen Begrenzern. Ihr Verstand unterliegt der Selbsttäuschung, es sei nicht genug für alle da. Ihr ganzes Leben wird vom Gedanken an den Mangel dominiert. Sie spüren, wie Sie hart, engstirnig, kalt werden und nicht weiterkommen. Ihr Geist rationiert das Leben – und Liebe, Wohlstand, Glück gleich mit.

Wie möchten Sie nun Ihr Leben führen: als Brunnen oder als Ventil? Wollen Sie den Fluss fördern oder ihm Grenzen setzen? Im Reich der Fülle leben oder im Wahn des Mangels? Falls Sie sich lieber mit dem Ventil identifizieren als mit der Quelle des Flusses, dann eignen Sie sich widerrechtlich die Autorität des Universums an und leben in Opposition zum göttlichen Geist. Kein Wunder, dass Sie dann nicht erreichen können, was Sie sich wünschen: *Sie widersetzen sich der Quelle.*

Wenn Sie nicht fließen, sind Sie nicht wirklich lebendig. Nichts in Ihrem Leben ist endgültig; es fließt nur durch Sie hindurch. Ihr rationaler – rationierender – Verstand wird das nie akzeptieren, aber Sie speisen die Quelle, und die Quelle versorgt Sie unaufhörlich mit Energie, Ideen, Liebe, mit dem Vertrauen und der Kraft, die Ihr Leben bereichern und alle Ihre Wünsche erfüllen, während diese durch Sie hindurch in die Welt fließen.

Wenn dieses Buch zu Ihnen gefunden hat, so fordert Ihre Spiritualität Sie auf, wieder nach Hause zu kommen. Wir werden mit Hilfe von zehn Schritten zur Erweckung Ihrer innersten Kraft gemeinsam daran arbeiten, sich Ihr königliches Geburtsrecht zurückzuerobern und spirituell bewusst zu leben. Zusammen werden wir Ihr immer weiter werdendes Herz in Liebe, Vergebung und Wahrheit üben und dafür sorgen, dass Sie zu fließen beginnen.

Am Anfang unserer Reise müssen Sie bereit sein, Ihre Ängste, Anhaftungen, Ihr Geben und Nehmen vollständig zu akzeptieren. Alles, was Sie bislang im Dunkeln gehalten haben, muss ans Licht kommen. Denn nur durch die verzeihende Akzeptanz der ganzen Wahrheit werden Sie für die Liebe in all ihren wunderbaren Ausdrucksformen auch wirklich erreichbar. Die Essenz des Menschen als spirituelles Wesen ist die Liebe; sie befriedigt alle unsere Bedürfnisse und heilt jedes Leiden. Wenn Sie bereit sind, die ganze Wahrheit über sich zu akzeptieren, können Sie die kleinen Sorgen Ihres rationalen Verstandes hinter sich lassen und in die liebevolle Schönheit der Spiritualität eintreten.

Ihr vom Verstand gesteuertes Ego kontrolliert Sie mit Zweifeln und Ängsten, spielt Ihnen Streiche in allen Lebensbereichen – aber nur, wenn Sie es zulassen. Sie müssen willens sein, sich Ihren Ängsten zu stellen, denn sonst sind Sie in ihrer Hand. Schließen Sie Ihre Ängste aber in Ihr Herzen, das körperliche Zentrum Ihrer spirituellen Energie, dann werden sie sich verflüchtigen.

Ihr göttliches Recht ist die Gegenwart. Jede Erfahrung, die Sie in Ihrem Leben machen, ist eine neue Gelegenheit, Ihre spirituelle Suche zu vertiefen. Wenn Sie dieses Buch durcharbeiten, Vergebung und Vertrauen üben, werden Sie beginnen, in der Wahrheit zu leben. Die einengenden Illusionen Ihres rationalen Verstandes werden vergehen, wenn er abdankt und Ihre Identität Ihrem unendlichen, liebevollen spirituellen Selbst überantwortet. Spirituell werden Sie im wunderbaren Fluss der Liebe leben und sich emporschwingen.

Die Art und Weise, in der ich von meinem spirituellen Selbst dazu gebracht wurde, alte Beziehungen in Ordnung zu bringen, bevor ich meine Vortragsreise beginnen konnte, ist nur ein Beispiel für die ganz spezielle Führung, die wir erhalten, wenn wir uns unserer Identität als spirituelle Wesen bewusst werden. Da Sie jetzt schon an dieser Stelle meines Buches angekommen sind, ergeht nun auch an Sie die Aufforderung, Ihr Dasein mit Ihrem spirituellen Lebenszweck in Übereinstimmung zu bringen – und zwar jetzt, genau in diesem Augenblick. Kehren Sie zum Ursprung Ihres wahren Lebenszwecks zurück: Es ist die Liebe. Die Liebe zu sich selbst, zu anderen Menschen und dem ganzen Leben. Den Zugang verschaffen Ihnen die beiden Zwillingsschwestern Wahrheit und Vergebung. Die Lektüre dieses Buches ist eine gute Gelegenheit zu erfahren, anzuerkennen und sich darauf zu besinnen, dass Sie ein eingebundenes, liebendes spirituelles Wesen sind. Wenn Sie spirituell leben, werden Sie erfahren, dass Sie ständig mit der Einen Quelle verbunden sind, und Sie werden auch wissen, dass Ihnen alles zusteht, was Sie sich vom Leben erträumen. Diese Quelle hat mich dazu gebracht, Ihnen die Ideen und Übungen dieses Buches nahe zu bringen, Sie aufzuspüren und nach Hause zurückzugeleiten.

Wir werden es auch mit Problemen zu tun bekommen. Der Hang zum Materialismus ist ausgesprochen stark, und alte Gewohnheiten lassen sich nicht so leicht ablegen. Wir alle haben viel in den Wahn der materiellen Welt investiert. Immer wieder haben wir uns eingeredet, dass wir keine Liebe verdient haben, aus den verschiedensten Gründen nicht gut genug seien. Wir meinen Dinge getan zu haben, die unverzeihlich sind, und haben uns daran gewöhnt, andere Menschen immer als besser oder schlechter einzuschätzen als uns selbst; so oder so ist das Ergebnis, dass wir uns von ihnen absetzen. Wir ziehen es vor, uns als isolierte, einsame Individuen zu betrachten, und haben uns alle möglichen Gründe zurechtgelegt, die uns davon überzeugen sollen, dass wir den intensiveren Kontakt mit anderen und das Einssein mit dem Geist nicht verdient hätten.

All das sind die Gewohnheiten des Egos, das um seine Vorherrschaft über unser Leben kämpft, eines Egos, das fürchtet, zerstört und aufgegeben zu werden, wenn wir spirituell leben und dem Geist die Kontrolle überlassen. Es ist manchmal gar nicht so leicht, ein hellwaches, fest zur Herrschaft entschlossenes Ego loszulassen; wenn wir aber mit der Alternative Liebe oder Angst konfrontiert sind, haben wir es ständig mit diesem Problem zu tun.

Die Ambivalenz, die Sie am Anfang möglicherweise empfinden, und die Kämpfe, die Sie durchmachen, während Sie sich eingehend mit diesem Buch beschäftigen, sind Reaktionen Ihres angstbesetzten, auf Selbstverteidigung bedachten Egos, das sich Ihrem höheren Bewusstsein nicht ergeben will. Bislang hat dieses Ego stets als erfolgreicher Schrankenwärter fungiert, der Sie vor vermeintlichen Gefahren bewahrte; diese Ehre muss man ihm lassen. Indem es jedoch die Illusion nährte, Sie seien ausschließlich Ihr körperliches Ich, hat es Ihnen auch die Größe Ihrer Spiritualität vorenthalten – und das muss ihm verziehen werden.

Wenn wir uns gemeinsam auf das höhere Bewusstsein der Spiritualität zubewegen, werden Sie den engen Grenzen Ihres Egos entwachsen. Mit Hilfe des Textes und der Übungen in diesem Buch wird es Ihnen gelingen, sich mit Ihrem unendlich weiten spirituellen Ich zu identifizieren – was aber nicht heißt, dass Sie Ihr Ego zerstören oder aufgeben müssen, sondern eher, dass Sie es mit Ihrer Liebe umfangen, es für den Nutzen, den es Ihnen gebracht hat, wertschätzen und ihm seinen Herrschaftswahn verzeihen. Mit dem Kauf dieses Buches und wohl auch schon aus reiner Neugierde begeben Sie sich auf die heilige Suche nach der Liebe. Wahrheit und Vergebung sind Ihr eisernes Rüstzeug und der Lohn ein weites Herz, große Fülle sowie die tief empfundene Verbundenheit mit dem Leben in seiner Ganzheit.

Wollen wir jetzt los?

Stufe Eins

Die Reise ins spirituelle Land

1

Wecken Sie Ihr Bewusstsein

Genauso wie Sie Ihren Italienurlaub Monate im Voraus planen würden, müssen Sie auch Ihr Abenteuer im Land der Spiritualität vorbereiten – Ihr ganzes Leben. Alles, was Sie bisher waren und taten, hat Sie genau an diesen Punkt gebracht. Alle Gedanken, Gefühle und Erlebnisse, die Sie je hatten, haben Sie zu dem gemacht, was Sie heute sind – seien Sie dankbar, und würdigen Sie sie dafür, dass sie Ihnen die großartige spirituelle Gelegenheit verschafft haben, jetzt, in diesem Moment, diese Buchseite lesen zu können. Bedauern? Ein bisschen vielleicht – Sie hätten früher aufwachen und Monate, Jahre, gar Jahrzehnte eher so weit sein können. Aber denken Sie bitte daran, dass alle Fehler auch eine Chance sind, etwas dazuzulernen: Gebranntes Kind scheut das Feuer. So haben also sogar Ihre Irrtümer mit dazu beigetragen, dass Sie jetzt hier sind, an Ihrem Ausgangspunkt.

Überlegen Sie doch mal: Kurz nach Ihrer Geburt waren Sie noch ziemlich dösig; um genau zu sein, haben Sie damals mehr als die Hälfte Ihrer Zeit verschlafen. In dem Maße, in dem Sie heranwuchsen, wurden Sie immer wacher. Heute braucht Ihr Körper wahrscheinlich nur noch acht Stunden

Schlaf oder sogar weniger – das ist nur noch ein Drittel Ihrer Lebenszeit. Sie haben sich gemausert: Aus dem Baby, das ausschließlich mit dem puren Überleben beschäftigt war, ist ein selbstbewusster Erwachsener geworden, dem es heute ein Anliegen ist, sein Bewusstsein immer weiter zu entwickeln. In Ihren früheren Entwicklungsstadien ging es Ihnen um Essen, Schutz, Liebe, Sex und allerlei Bequemlichkeiten; jetzt beginnen Sie stattdessen mit der Suche nach Spiritualität und all den wunderbaren Dingen, die damit einhergehen.

Sie sind auf Ihrer Reise nicht allein. Nein, Sie reisen sogar in königlicher Gesellschaft. Vor Ihnen waren schon die großen Mystiker, Philosophen und Eingeweihten unterwegs, denn früher einmal war diese Suche ausschließlich der Elite vorbehalten. Aber die Zeiten haben sich geändert. Denken Sie nur daran, was allein in den vergangenen zweihundert Jahren alles anders geworden ist. Selbst in den am höchsten entwickelten Ländern war das Leben Anfang des neunzehnten Jahrhunderts noch sehr einfach: Gepflügt wurde mit Mauleseln, gelesen bei Kerzenschein, geschrieben mit dem Federkiel, und Briefe wurden mit der Pferdekutsche befördert. Doch schon in dieser Epoche hatten unsere Vorfahren den Weg des Materialismus eingeschlagen, der die westliche Kultur, ja fast die gesamte Welt heute so unerbittlich im Griff hat. Aber vergessen Sie Ackerbau und Viehzucht: Jetzt kommt unsere Nahrung aus der Fabrik, wir kaufen sie bereits gewaschen, bestrahlt, gewürzt, konserviert, vorgekocht und fertig für die Mikrowelle. Wir ziehen uns Filme rein und lassen uns ganze Bücher auf CD vorlesen. Per E-Mail kommunizieren wir beinahe mit Lichtgeschwindigkeit.

Die Zugkraft des Materialismus bringt jedoch auch eine latente Unzufriedenheit mit sich: Wir haben buchstäblich den Kontakt mit der Erde verloren. Überlegen Sie: Wie oft kommt Ihre Haut eigentlich noch mit dem Erdboden in Berührung? Und abgesehen von unseren vermenschlichten Bellos, Hansis und Miezekätzchen haben wir auch jeglichen Kontakt mit der Tierwelt verloren. Für Ihren Urururgroßvater war die Partnerschaft mit seinem Maultier, wenn sie beide so über den Acker trotteten, noch mit seine wichtigste Lebensgemeinschaft. Und die Schreibpausen, in denen man den Federkiel ins Tintenfass tunken musste, boten willkommene Gelegenheiten zum Nachdenken. Die natürliche Verbindung mit anderen Lebewesen hat das Leben der Großeltern unserer Urgroßeltern spirituell sicher erheblich bereichert.

Heute simulieren wir die Verbundenheit mit dem Leben in seiner Gesamtheit, tun so, als sei unser Breitbandanschluss an das World Wide Web an sich schon von Bedeutung. Gewiss, per E-Mail erreichen wir Freunde und Fremde irgendwo auf der Welt innerhalb von Sekunden. Und das Internet ist zweifellos ein phantastisches Instrument. Aber mal ehrlich: Wie oft hat es schon zur Bereicherung Ihres spirituellen Lebens beigetragen?

Der Abstieg in den Materialismus hat, glaube ich, auch das ausgleichende Gegengewicht mit sich gebracht: die Suche nach dem spirituellen Erleben, die auch dazu führte, dass Sie und ich heute hier beisammen sind. Die Sehnsucht nach spirituellen Erfahrungen ist ohne jeden Zweifel weit verbreitet und nimmt sogar immer mehr zu. Schauen Sie sich nur die Statistiken aus dem Buchhandel an: Der größte

Wachstumsmarkt sind die Ratgeber. Mittlerweile gibt es überall Yogastudios; sie haben den Aerobic- und Workout-Hype der Achtziger verdrängt. Das zeigt doch, in welch kurzer Zeit wir von der zuweilen maßlosen reinen Konzentration auf den Körper so weit gekommen sind, dass wir heute vom Training nicht nur die körperliche, sondern zugleich auch eine spirituelle Stärkung erwarten.

Ich will damit nur sagen, dass Sie auf Ihrer Reise ins Land der Spiritualität beileibe nicht allein sind. Heute sind mehr Menschen mit diesem Ziel unterwegs als je zuvor. Und genau wie Sie per Flugzeug, mit dem Auto, der Bahn oder dem Schiff nach Italien kommen können, lässt sich auch das Land der Spiritualität auf ganz unterschiedlichen Wegen erreichen – mit Büchern wie diesem, durch Vorträge, Meditation, spirituelle Praktiken, Yoga oder Gebete.

Zum Teil beruhen all diese Methoden auf der Beschäftigung mit der eigenen Person. Je besser Sie sich selbst kennen und wissen, warum Sie so geworden sind, wie Sie heute sind, desto schneller können Sie Ihre Reise antreten. Darum soll es in diesem Kapitel – dem ersten Schritt auf der Reise – gehen, in dem wir uns auf die drei wichtigsten Aspekte des Menschen konzentrieren: Körper, Geist und Herz.

Körperliche Fitness

Der Körper ist der Tempel des Geistes. Wenn wir ihm nicht geben, was er braucht, kann er die Botschaften und die Führung, die wir benötigen, auf Dauer nicht empfangen. Und dann haben wir auch nicht genügend Energie und Schwung für die Arbeit, die uns bevorsteht.

Von mir selbst weiß ich, dass ich eine gute Gesundheit – Ernährung und Sport – brauche, um mit meinen Gefühlen und meiner inneren Führung in Kontakt bleiben zu können. Je bewusster wir werden, desto klarer wird uns auch die Bedeutung einer gesunden Ernährung. Wenn wir uns gesund ernähren, heißt es immer, erwarte uns ein längeres und besseres Leben. Aber wissen Sie was? Unser Leben wird dann auch echter. Damit der Körper unserem spirituellen Ich dienlich sein kann, muss er entsprechend versorgt werden.

Was (und wie viel) wir zu uns nehmen, hat einen entscheidenden Einfluss auf unsere Schwingungen – den Grad der Übereinstimmung unseres Nervensystems und der Zellstruktur mit der Frequenz des Universums. Von Alkohol oder übermäßigem Essen werden unsere Schwingungen träge und bestehen bald nur noch aus schwerfälliger Energie. Wenn wir uns mit Koffein oder Zucker aufputschen, geraten unsere Schwingungen außer Rand und Band, und die Energien sind überhaupt nicht mehr gebündelt. Vergiften wir uns mit Antibiotika und Hormonen aus tierischer Nahrung, ist der Körper nicht mehr in der Lage, sich auf die harmonische Stille einzustellen, in der wir unsere innere Führung wahrnehmen können. Erinnern Sie sich noch an mein Erlebnis in Notre-Dame? Zuvor hatte ich drei Wochen lang still meditiert.

Gelüste und Heißhungerattacken ergeben sich aus Fehlern der Vergangenheit (von denen wir sowohl metabolisch als auch psychisch programmiert werden) sowie aus den ungeheuer starken wirtschaftlichen und kulturellen Einflüssen, denen wir unterliegen. Eine einfache, entgiftende Ernährung kann all das beheben und den Weg für die Wahrheit freimachen, die uns vermittelt, was der Körper braucht. Das ebnet auch den Weg für unsere spirituelle Mission.

Es geht nicht darum, dünner, begehrenswerter, schöner, beliebter oder erfolgreicher zu werden, wie es uns die medienorientierte Konsumkultur immer weismachen will. Nein, der eigentliche Sinn einer gesunden Ernährung besteht darin, aufzuwachen und für die spirituelle Mission erreichbar zu werden. Ist der erste Schritt in diese Richtung erst einmal getan, stellt sich der Körper gern in den Dienst unserer spirituellen Absichten, und Dinge, nach denen wir früher oft Heißhunger hatten, verlieren allmählich ihren Reiz. Ein altes Sprichwort sagt: »Du bist, was du isst.« Im Grunde sind Sie zwar eher das, was Sie denken, aber das wird in hohem Maße von dem beeinflusst, was Sie zu sich nehmen. Lassen Sie uns also mit der Ernährung beginnen.

Spirituell gesunde Ernährung

Bei »gesunder Ernährung« fallen einem heutzutage oft Übergewichtige ein, die abnehmen wollen, weil sie sich davon versprechen, fitter, glücklicher und liebenswerter zu werden. Immer mehr Ernährungs- und Diätbücher schaffen es heute schon auf die Bestsellerlisten. Und trotzdem ist und bleibt Fettleibigkeit in der westlichen Welt ein Thema. Warum ist das so? Wonach sind die Menschen so hungrig, dass sie sich kontinuierlich überfressen?

Ich glaube, die meisten Übergewichtigen essen, um Schmerzen zu betäuben, die aus einem entfremdeten Leben resultieren. Unsere Konsumkultur hat dazu geführt, dass Menschen, die noch nicht sehr bewusst sind, meinen, je mehr Materielles sie besitzen und je besser die Qualität, desto erfüllter wäre auch ihr Leben. Das stimmt aber nicht. Viele essen, um die spirituelle Leere in sich zu füllen. Mit Sicherheit haben manche von Ihnen, die Sie dieses Buch lesen, Übergewicht. Sie essen, um sich über die Nervosität und die Entfremdung einer Kultur hinwegzutrösten, deren Idol der Konsum ist. Sie, meine lieben Freunde, heiße ich herzlich zu Hause willkommen.

Auf Ihrer spirituellen Reise werden Sie die Verbundenheit mit und die Zugehörigkeit zur Einheit des gesamten Lebens erfahren. In dem Maße, in dem Sie lernen, sich die (unbewusste) Überzeugung zu vergeben, Sie seien isoliert, wird sich Ihre Einsamkeit legen. Dann ist Essen nicht länger ein Zwang, sondern wird ein wirkliches Vergnügen, das zu Ihrem Wohl beiträgt. Wenn Sie spirituell leben, werden Sie erkennen, dass der größte Hunger, den Sie haben, die spirituelle Sehnsucht ist. Und dann wissen Sie auch, dass diese Sehnsucht bereits gestillt ist.

Wenn Sie vorhätten, Ihre Sommerferien in einem italienischen Gebirgsstädtchen zu verbringen, würden Sie bestimmt dafür Sorge tragen wollen, dass Ihr Körper den Anforderungen, die auf ihn zukommen, gerecht wird: steile Gässchen mit holprigem Kopfsteinpflaster, die beste Pasta der Welt, an jeder Straßenecke ein Eissalon. Sie tun gut daran, sich ein paar Monate vor Ihrer Abreise gesund zu ernähren, ist Ihnen doch bewusst, dass Sie Ihren Urlaub mehr genießen können, wenn Ihnen der Körper kein Schnippchen schlägt. Ihre Reisevorbereitungen sind eine gute Gelegenheit, sich bewusster zu ernähren. Sie haben nur noch Italien im Kopf, und dadurch fällt es Ihnen gleich viel leichter, auf den Nachschlag zu verzichten. Sie wissen ja, dass Sie sich dann am Pool besser fühlen und auch besser aussehen werden. Allein dadurch, dass Sie Ihre Reise planen, achten Sie viel mehr auf alles, was Sie tun. Die Vorbereitungen machen Sie in Ihren Alltagsentscheidungen bedeutend bewusster. Ihr ganzes Leben ist von der Vorfreude auf Ihre Reise durchdrungen.

Und was sollten Sie nun essen oder lieber nicht, wenn Sie spirituell bewusst leben möchten? Darauf gibt es für jeden von Ihnen eine andere Antwort, denn die körperlichen Bedürfnisse sind von Mensch zu Mensch unterschiedlich. Was wir aber alle sofort tun können, ist, uns Klarheit über unsere Ernährungsgewohnheiten zu verschaffen. Beginnen Sie, bewusst zu essen. Auf diese Weise nehmen Sie nur das zu sich, was Sie auch wirklich wollen. Diese größere Bewusstheit sollte sich auf ganze Mahlzeiten, auf Snacks, ja auf jeden einzelnen Bissen beziehen. Indem Sie sich für jeden Happen bewusst entscheiden, heißen Sie die Speise in Ihrem Körper willkommen. Dann nährt sie Sie tatsächlich, dient Ihrer Gesundheit und steigert Ihre Leistungsfähigkeit. Wenn Sie spirituell leben, werden Sie die Erfahrung machen, dass jede Ihrer Handlungen, sei sie auch noch so nebensächlich, dem Erreichen Ihres Zieles dienlich ist, wenn sie nur bei hellwachem Bewusstsein geschieht.

Ich hatte früher auch einmal erhebliches Übergewicht, war unglücklich, wie betäubt und döste nur so vor mich hin. Essen war mein ganzer Trost, aber besonderen Spaß hatte ich daran eigentlich nicht. Ich hatte nicht einmal ein richtiges Geschmacksempfinden. Was ich genoss, war eher die Freude auf den nächsten Bissen. Aber um ehrlich zu sein: Wenn ich ihn dann auf der Zunge hatte, vermischte er sich mit Reue.

Ich genoss nicht, hatte keinen richtigen Geschmack. Ich schluckte – verschlang regelrecht – das Essen, damit ich mich dann gleich wieder auf den nächsten Bissen freuen konnte. Jeden Löffel fett-süßer Eiskrem verleibte ich mir mit Verachtung und Reue ein, und das war viel schädlicher als die ärgste Kalorienbombe. Inzwischen habe ich mir diese konfuse Angewohnheit längst verziehen – sie diente dazu, mich dorthin zu führen, wo ich heute bin, und dafür bin ich dankbar.

Ich erwähne dieses persönliche Beispiel, weil ich Sie auf Ihre eigenen unbewussten Essgewohnheiten aufmerksam machen möchte. Lieben Sie Ihr Essen, heißen Sie es als Quelle der Nahrung und Stärkung in Ihrem Körper willkommen? Oder nehmen Sie es sich übel, wenn Sie essen, würzen jeden Bissen, den Sie verzehren, mit einer ordentlichen Portion Negativität?

Jetzt wird es Zeit, dass Sie sich Ihrer Essgewohnheiten bewusst werden. Wie das geht? Ich habe ein paar einfache Vorschläge, die Ihnen helfen werden, sich bewusster zu ernähren.

1. *Kaufen Sie bewusst ein.* Wählen Sie gesunde Lebensmittel, die Ihren Körper nähren und stärken. Kaufen Sie frische Produkte. Reduzieren Sie chemische Düngemit-

tel und Pestizide in Ihrer Nahrung, indem Sie organisch Angebautes kaufen. Überlegen Sie, ob Sie sich in Zukunft nicht lieber vegetarisch ernähren wollen. Abgesehen davon, dass sie sogar krank sein können, werden die meisten Tiere mit Antibiotika und künstlichen Hormonen aufgepäppelt, die der Verbraucher unwissentlich mitisst. Darüber hinaus glaube ich auch, dass im Fleisch viel Adrenalin enthalten ist, das die Tiere in ihrer Todesangst ausschütten. Für die Spiritualisierung der Ernährung war BSE geradezu ein Geschenk. Denken Sie aber auch daran, dass für Menschen, die zum Beispiel keine Hülsenfrüchte oder Sojaprodukte vertragen, eine rein vegetarische Ernährung nicht das Richtige ist. Entscheidend ist: Wenn Sie tierisches Eiweiß zu sich nehmen, sollte es so organisch wie irgend möglich sein. Schränken Sie Ihren Zucker- und Koffeingenuss ein: Durch die künstlichen Hochs und schrecklichen Tiefs, die sie erzeugen, schicken diese leeren Energiequellen Ihren Körper auf eine Achterbahnfahrt. Wenn Sie sich leichter und energiegeladener fühlen möchten, können Sie auch versuchen, mehr und mehr auf Weizenprodukte zu verzichten.

2. *Lernen Sie Ihre Bauern kennen.* Heute gibt es in vielen Städten und Gemeinden Erzeugermärkte. Dort wissen Sie genau, wo das Obst und Gemüse, das Sie kaufen, herkommt und wie es angebaut wird. Sie können zum Beispiel auch wöchentliche Gemüsekisten bestellen und haben damit immer Frisches auf dem Tisch. Wenn Sie Ihren Erzeuger/Händler kennen, steht Ihre Ernährung auch gleich in einem viel breiteren Zusammenhang.

Noch besser ist es natürlich, wenn Sie Ihr Obst und Gemüse selbst anbauen.

3. *Kochen Sie selbst.* Machen Sie aus Ihrer Nahrungszubereitung ein Ritual. Reichern Sie Ihr Essen mit Bewusstheit an, indem Sie es vorsichtig und achtsam waschen, schneiden und mit Liebe vorbereiten. Ich bin fest davon überzeugt, dass auf Nahrungsmittel, die liebevoll und mit Bedacht zubereitet werden, ein wenig von der Lebenskraft (Chi) des Kochs übergeht. Industrielle Nahrung und Fastfood werden von Maschinen erzeugt und stecken voller Konservierungsmittel. Sie sollten sich bewusst machen, dass sie nur hergestellt werden, um den Profit der Aktionäre zu sichern, und nicht, um liebevoll zur Ihrer Stärkung beizutragen.
4. *Decken Sie schön den Tisch.* Blumen, Kerzen, schönes Geschirr, gutes Besteck und Stoffservietten wecken Ihr Bewusstsein und machen aus einem Akt der Nahrungsaufnahme eine echte Mahlzeit.
5. *Setzen Sie sich zu Ihren Mahlzeiten immer hin – und essen Sie bloß nie im Auto.* Dadurch wird Ihr Augenmerk auf den Teller gelenkt, der vor Ihnen steht. Wenn Sie im Gehen, Stehen oder beim Fahren essen, schenken Sie Ihrem Essen weder die Zeit noch die Aufmerksamkeit, die es verdient, denn dann sind Sie gedanklich schon längst einen Schritt weiter. Während des Essens hat der Körper Anspruch auf Ihre ganze Aufmerksamkeit; wenn Sie Acht geben, bekommen Sie außerdem eher mit, was Ihnen eigentlich richtig schmeckt und wann Sie satt sind.

6. *Sprechen Sie einen Segen.* Ein Moment, in dem Sie innehalten und anerkennen, dass Ihr Essen ein Geschenk der Quelle allen Lebens ist, verbindet Sie bewusst mit allen anderen Lebewesen.
7. *Essen Sie nicht allein.* Essen bietet eine wunderbare Gelegenheit zusammenzukommen. Wenn wir gemeinsam das Brot brechen, teilen wir dabei nicht nur das Essen, sondern geben auch etwas von uns selbst. Das hilft die Entfremdung zu überwinden, unter der in unserer modernen Gesellschaft so viele Menschen leiden.
8. *Werden Sie sich jedes einzelnen Bissens bewusst.* Entscheiden Sie sich bewusst für jede Gabel voll, die Sie vom Teller nehmen. Essen Sie nur, weil Sie es wirklich wollen, und nicht einfach, weil es vor Ihnen steht. Auf diese Weise tränken Sie jeden Bissen, den Sie nehmen, mit Ihrem hellwachen Bewusstsein, was dazu führt, dass er Ihre körperlichen Bedürfnisse besser befriedigen kann.
9. *Genießen Sie den Geschmack.* Schlucken Sie mit echter Wertschätzung (und nicht ambivalent oder schuldbewusst). Sie haben den wunderbaren Geschmack der Speisen, die Sie zu sich nehmen, wirklich verdient.
10. *Achten Sie darauf, wann Sie satt und zufrieden sind.* Jetzt nehmen Sie den Prozess der Nahrungsaufnahme schon viel bewusster wahr. Bald essen Sie nur noch um des Essens willen, um sich gut zu ernähren und Ihre Körperfunktionen aufrechtzuerhalten, statt die Schmerzen zu betäuben oder die Leere der Entfremdung und Einsamkeit zu füllen. Immer besser werden Sie in der Lage sein, die Signale Ihres Körpers zu verstehen, die er

aussendet, wenn er genug hat. Und dann werden Sie gern aufhören, satt und zufrieden, denn Sie kennen den Unterschied zwischen Zufriedenheit und Übersättigung.

11. *Seien Sie dankbar.*

Sport: Kraft und Schwung

Für Ihre Reise ins Land der Spiritualität soll Ihr Körper aber nicht nur gut ernährt, sondern auch leistungsstark sein. Genauso wenig, wie Sie versäumen wollten, Assisi zu besuchen, nur weil Ihr Körper nicht so gut in Form ist, dass er die steilen Stufen bewältigen kann, möchten Sie sich doch auch die wunderbaren Chancen nicht entgehen lassen, die das Land der Spiritualität zu bieten hat: klare Intuition, engelhafte Führung, intensiver spiritueller Kontakt mit anderen Menschen.

Sie werden Ihren Körper durch bewusste Bewegung und Sport aufwecken wollen. Mit Ihrem Entschluss, spirituell zu leben, haben Sie sich zugleich dafür entschieden, sich nicht länger zu betäuben, sondern Ihren Körper aus seinem Dämmerschlaf zu reißen. Jetzt können Sie ihn trainieren, damit er stark, vital und geschmeidig wird. Aber machen Sie sich keine Sorgen: Olympiaathlet oder Verrenkungskünstler müssen Sie nicht werden. Das Haus zu verlassen und einen Spaziergang zu machen genügt völlig. Wenn Sie es bewusst tun, werden Ihre Bewegungen flüssiger und beschwingter. Das baut Blockaden ab und ermöglicht das sanfte Fließen Ihrer Energien.

In Zukunft wird mehr spirituelle Energie durch Sie hindurchfließen. Wie Sie bereits aus der Einleitung wissen, werden Sie zu einem Brunnen der Universellen Energie. In welchem Maße das aber der Fall sein wird, mit wie viel spiritueller Energie Sie also werden umgehen können, hängt ganz von Ihrer Zielsetzung und Ihrer Aufnahmefähigkeit ab. Und diese Aufnahmefähigkeit wird zu einem großen Teil von Ihrer körperlichen Fitness bestimmt. Wenn Sie schon begonnen haben, sich so zu ernähren, wie wir es in diesem Kapitel besprochen haben, verschaffen Sie Ihrem Körper bereits jetzt mehr Bewusstsein – einen größeren spirituellen Fluss.

Bewegen Sie sich

Nehmen Sie sich jetzt zehn Minuten Zeit, und gehen Sie einmal um den Block. Im Ernst, ich meine es so. Lesen Sie diesen Abschnitt noch zu Ende, und dann ziehen Sie sich die Schuhe an und gehen los. Zügig, aber so, dass es Ihnen noch angenehm ist. Nehmen Sie Ihren Körper wahr, als wäre es eine ganz neue, fremde Erfahrung. Was ist denn das eigentlich für ein Leib, in dem Sie da gelandet sind? Was kann er alles? Kommt er schnell voran? Erwärmt er sich, wenn Sie das Tempo erhöhen? Bricht Ihnen dann der Schweiß aus? Haben Sie einen bequemen Rhythmus gefunden, in dem Sie die Arme sanft vor- und zurückschwingen lassen können? Wie groß müssen Ihre Schritte sein, damit Sie möglichst bequem und doch effizient gehen können? Treibt Sie das so richtig vorwärts? Welche Atmung erleichtert Ihnen das Gehen? Haben Sie mehr

Schwung, wenn Sie tief durchatmen? Kommen Sie mit der Hacke auf und stoßen sich mit dem Ballen ab? Bewegen sich Ihre Hüften mit? Die Schultern? Der Kopf? Wo schauen Sie hin? Okay, gehen Sie jetzt los. Genießen Sie Ihren Spaziergang, und achten Sie darauf, wie Sie sich durch den Raum bewegen.

Treiben Sie jeden Tag ein bisschen Sport. Gehen ist, wie wir gerade gesehen haben, sehr gut. Aber gehen Sie geschwind, walken Sie. Sie können auch Fahrrad fahren, schwimmen, joggen, tanzen, springen – alles, was Sie mögen, nur *bewegen Sie sich!* Tun Sie es mit Bedacht. Sie gehen ja nicht nur einmal um den Block, weil Sie unbedingt wieder an Ihrem Ausgangspunkt ankommen wollen; nein, Sie gehen, weil Sie Ihren Körper, Ihre Muskulatur und Ihr Nervensystem wach machen wollen, um den Energiefluss anzuregen. Aber übernehmen Sie sich nicht. Es geht lediglich darum, Ihren Körper durch bewusste Bewegung aufzurütteln, Ihre Energie aufzufrischen, damit sie überall in Fluss kommen kann.

Wenn Sie durch leichte Bewegung an der Weiterentwicklung des Bewusstseins in Ihren Körperzellen arbeiten, werden Sie eines Tages vielleicht einen Punkt erreichen, an dem Sie sich zu spirituelleren Techniken hingezogen fühlen, wie zum Beispiel Yoga. Wecken Sie zunächst einmal Ihren Körper, und hören Sie dann auf seine Bedürfnisse. Sie können fest darauf vertrauen, dass er Sie in die für Sie sportlich genau richtige Richtung führt, die sowohl Ihren Körper als auch Ihre Spiritualität immer aufs Neue mit Energie versorgt.

Mentale Vorbereitungen

Was unsere Lebensentscheidungen angeht, führen wir uns oft auf wie Naturwissenschaftler. Wir sammeln Daten, erstellen Dokumentationen, ziehen Schlussfolgerungen aus früheren Erfahrungen und denken, denken, denken. So ist der Verstand nun einmal. Er funktioniert aus Angst, versucht uns davor zu bewahren, dass wir Fehler, die wir einmal gemacht haben, wiederholen. Verstandesentscheidungen werden zwangsläufig aus einer defensiven, begrenzten Perspektive heraus getroffen. Und was bringen sie? Einen Overkill an Informationen, aber keine echten Einsichten. Unser kleiner Verstand macht uns wahnsinnig, indem er versucht, sich alle Eventualitäten vorzustellen.

Der Schlüssel zum spirituellen Leben ist die Stille. Wenn wir ganz ruhig und still sind, können wir die größere Kraft spüren, die in uns am Werk ist. Dann erwartet uns unsere Spiritualität mit innerer Führung und Antworten auf unsere Fragen. Bei jeder Entscheidung, die wir treffen, müssen wir uns nur auf die Energie unseres Herzens einstimmen und sie bitten, uns den Weg zu weisen.

Erinnern Sie sich: In diesem Kapitel geht es darum, unsere Absicht so auszurichten, dass unser Bewusstsein geweckt wird. Indem wir unsere Vorsätze – oder lassen Sie uns besser von Achtsamkeit sprechen – darauf richten, was und wie wir essen, wann und wie wir uns bewegen, richten wir zugleich auch den Verstand aus. Um wirklich spirituell bewusst leben zu können, ist es erforderlich, dass wir Körper und Verstand aufrütteln – aber auch das Herz und unser emotionales Ich.

Zu Beginn dieses Kapitels haben wir schon darüber gesprochen, wie wichtig es ist, den Verstand wach zu machen und ihn auf körperliche Aktivitäten wie Nahrungsaufnahme und Bewegung auszurichten. In diesem Zusammenhang haben wir die Bedeutung der Achtsamkeit bereits hervorgehoben. Am Anfang jeder Form von Kreativität steht das Denken. Nichts, worüber vorher nicht nachgedacht wurde, nahm je absichtlich Gestalt an: Häuser, Skulpturen, Regierungen, Geschäfte, selbst ein Italienurlaub. Wenn man irgendetwas erzeugen möchte – ein Kunstwerk, eine Maschine, eine Organisation oder das Leben und die Liebe, die Sie sich wünschen –, besteht der erste Schritt immer darin, dass man bewusst und mit Bedacht darüber nachdenkt.

Jeder Gedanke, gut oder schlecht, zielgerichtet oder nicht, ist kreativ. Solange Sie noch nicht gelernt haben, mit Achtsamkeit und zielorientiert zu denken, übernimmt Ihr ungerichtetes (unbewusstes) Denken die ganze Kreativität, und Sie dösen derweil. Lassen Sie uns dieses unbewusste Denken der Einfachheit halber Gedankenblabla nennen. Dieses Gedankenblabla entfernt uns von der Spiritualität, lullt uns ein. Es ist kein zielgerichteter Prozess, der uns aufweckt, sondern unbewusst, passiv, oft reine Routine und empfänglich für äußere Einflüsse. (Hatten Sie schon einmal einen Ohrwurm?)

Sorgen sind ein gutes Beispiel für Gedankenblabla. In unserer heutigen Zeit, in der es an Achtsamkeit fehlt, schießen die Sorgen nur so ins Kraut. Dabei handelt es sich nicht um einen bewussten Akt kreativen Denkens, der darauf abzielt, eine Lösung für irgendein Problem zu finden, sondern eher um eine starre Gedankenschleife, die zur unterschwelligen Hintergrundmusik eines unbewussten Verstandes wird. Kreativ sind Sorgen trotzdem – denn unbewusst bringen sie viel Negatives in unser Leben!

Gedankenblabla und insbesondere Sorgen entreißen uns der Spiritualität und halten uns fest, wo wir nicht bleiben wollen. Was passiert wohl, wenn Sie sich Sorgen machen, dass Sie sich erkälten könnten, dass Ihr Freund Sie verlässt oder Sie am Monatsende kein Geld mehr haben? Dadurch, dass Sie Ihre ganze Aufmerksamkeit auf den negativen Ausgang richten, tritt er ein.

In diesem Buch werden wir uns immer wieder mit der Angst beschäftigen und nach Möglichkeiten suchen, wie Sie sich aus ihren Klauen befreien können. Wenden wir uns zunächst der Achtsamkeit zu.

Genauso, wie Sie sich entschieden haben, Ihrem Körper von nun an keine Giftstoffe mehr zuzumuten, indem Sie sich gesund ernähren und ein bisschen Sport treiben, werden Sie es auch mit Ihrem Verstand halten und Ihr Denken wachrütteln wollen. Woran denken Sie, während Sie diesen Satz lesen? Was geht Ihnen sonst noch im Kopf herum? Wie viel Gedankenblabla spielt sich unterhalb Ihres bewussten Denkens ab? Es gibt zahlreiche Meditationstechniken, mit denen Sie Ihren Geist zur Ruhe bringen und ihn fokussieren können. Bei manchen geht es darum, das ständige geistige Geplapper zur Ruhe zu bringen, bei anderen konzentriert man den Geist auf ein bestimmtes Objekt, ein Mantra oder auch einen Zen-Koan. Wenn wir das bewusste Denken derart sammeln und konzentrieren, trainiert das den Geist, stärkt ihn gegen das Gedankenblabla und bereitet uns auf ein nutzbringenderes Denken vor, das wir zum Beispiel auf Erfahrungen konzentrieren können, die wir wirklich machen möchten.

Atemmeditation

So, wie wir uns dem Sport durch einen leichten Spaziergang um den Block genähert haben, wollen wir uns jetzt auf das Atmen als ersten einfachen Akt der Meditation konzentrieren, die den Geist sammelt.

Setzen Sie sich bequem hin, aber nicht so gemütlich, dass Sie gleich einschlafen. Denken Sie daran: Wir beabsichtigen, *wacher* zu werden. Sie können sich mit überkreuzten Beinen in der Lotosstellung auf die Erde setzen, oder Sie nehmen auf einem Stuhl mit gerader Rückenlehne Platz und stellen beide Füße flach auf den Boden. Entspannen Sie die Schultern. Die Hände liegen mit den Innenflächen nach oben locker auf den Oberschenkeln. Schließen Sie die Augen. Dann richten Sie Ihre gesamte Aufmerksamkeit auf Ihren Atem. Nehmen Sie den Atem einfach wahr, versuchen Sie im Moment noch nicht, irgendwie auf ihn einzuwirken. Atmen Sie sehr flach, nur in den oberen Lungenbereich? Das ist eine weit verbreitete Angewohnheit.

Lassen Sie uns dann versuchen, ein bisschen zielgerichteter zu atmen. In Ihrer bequemen, aber nicht übertrieben gemütlichen Sitzposition stellen Sie sich Ihren Oberkörper nun als 20-Liter-Flasche vor. Würde sie aufrecht stehen und Sie wollten sie mit Wasser füllen, wäre zuerst der Boden bedeckt, und dann würde der Wasserspiegel allmählich ansteigen, bis der Flaschenhals erreicht wäre. Stellen Sie sich nun vor, diese große Flasche befände sich in Ihrem Oberkörper und würde vom Nabel (also weit unterhalb der unteren Lungenspitze) bis hoch zur Kehle reichen. Lassen Sie die gesamte verbrauchte Luft langsam und bewusst aus der Flasche heraus – bis auf den letzten Rest. Dann füllen Sie sie genauso langsam und bewusst wieder auf, am Boden beginnend, allmählich bis ganz nach oben. Lassen Sie sich dafür ruhig etwa zwanzig Sekunden Zeit, Ihr Körper bekommt auf alle Fälle genügend Sauerstoff. Wenn die Kapazitätsgrenze erreicht ist, atmen Sie langsam wieder aus, zuerst die Luft ganz oben in der Flasche, dann tiefer, tiefer, tiefer, solange, bis auch noch das letzte Luftmolekül aus Ihrem Bauch entwichen ist. Dann füllen Sie die Flasche langsam und mit Bedacht aufs Neue, atmen zunächst ganz nach unten und füllen sie dann ganz allmählich bis zum Rand. Fahren Sie so fort.

Ich nenne diese Übung »Flaschenatmung«. Sie ist zur Beruhigung des Körpers außerordentlich effektiv, aber auch zur Energetisierung. Mit der Flaschenatmung versorgen Sie Ihre Zellen bedeutend besser mit Sauerstoff, als es bei unserer typischen flachen Atmung sonst möglich ist. Das allein wäre schon Grund genug, die Flaschenatmung regelmäßig zu üben. Im Moment beabsichtigen wir aber hauptsächlich, den Geist unter Kontrolle zu bringen. Indem wir unsere geistige Wahrnehmung, unsere Achtsamkeit, auf den Atem konzentrieren, wird auch unser Denken zielgerichteter. Um spirituell leben zu können, ist diese Fähigkeit unabdingbar, denn Wachheit ist der Schlüssel zu unserem tieferen inneren Selbst. Das Leben, das wir wirklich führen wollen, erschaffen wir uns durch die Konzentration unserer Vorsätze.

Bei der Flaschenatmung werden Sie unter Umständen bemerken, dass Ihnen die Konzentration auf den Atem abhanden kommt und Sie abschweifen. Sollte das der Fall sein, wenden Sie Ihre Aufmerksamkeit einfach erneut Ihrem Atem zu. Wenn Sie dazu neigen, sich für eventuelle Misserfolge zu bestrafen, sollten Sie sich Ihr Abschweifen zunächst vergeben, bevor Sie sich wieder Ihrer Aufgabe zuwenden, dem bewussten, achtsamen Atmen. Schuldgefühle bringen genauso wenig wie der Gedanke, der die Ablenkung verursacht hat. Kehren Sie einfach zu Ihrer Übung zurück. Das ist ein lebenslanges Unterfangen: sich eventuelle Entgleisungen zu vergeben und sich erneut in den Dienst Ihrer bewussten Vorsätze zu stellen.

Hätte ich nicht einen Freund zurückrufen sollen? Was es wohl zum Mittagessen gibt? Der Stapel unbezahlter Rechnungen ... Wenn Ihnen bestimmte Gedanken durch den Kopf gehen und Sie dauerhaft von der Konzentration auf Ihre Atmung abhalten, versuchen Sie sich wieder auf Ihre Absichten auszurichten und diese Gedanken in bewusster Achtsamkeit als etwas von sich Getrenntes zu betrachten; hören Sie hin, als wären sie von Ihnen losgelöst. Dann wird sich herausstellen, dass den Gedanken unabhängig von Ihrem Denken keinerlei Lebenskraft innewohnt. Indem Sie Ihr Gedankenblabla achtsam betrachten, werden sich die Ablenkungen verziehen und in Luft auflösen. Nehmen Sie das dann zur Kenntnis, und wenden Sie sich erneut der einfachen Aufgabe zu, Ihren Körper achtsam mit Luft zu füllen und ihn wieder zu entleeren.

Wenn Sie das zwei- oder dreimal am Tag üben – oder wann immer Sie sich zerstreut, müde oder nervös fühlen –, wird es Ihren Verstand ausrichten und Sie in die Lage versetzen, Ihr Gedankenblabla zu kontrollieren. Mit jeder Übung wird Ihre geistige Klarheit größer – und das ist eine der Voraussetzungen, wenn Sie spirituell leben möchten.

Um den Geist aufzurütteln und zu trainieren, gibt es noch viele, viele andere Übungen. Zum Beispiel die folgenden:

Meditation über einen Gegenstand

Suchen Sie sich irgendeinen Gegenstand, zum Beispiel einen Bleistift oder eine Büroklammer. Beschließen Sie, Ihre ganze Konzentration zehn Minuten lang der Betrachtung dieses Gegenstandes zu widmen. Richten Sie Ihre Aufmerksamkeit als Erstes auf die unmittelbar greifbaren Eigenschaften Ihres Gegenstandes, des Bleistifts. Woraus besteht er? Graphit, Holz, gelbe Farbe, Messinghalterung, Radiergummi. Hat er eine Aufschrift? Ist sie geprägt? Wie viele Kanten hat der Bleistift? Welche Länge? Wie abgenutzt ist der Radiergummi? Welchen Gelbton hat die Farbe? Wie ist die Spitze? Achten Sie, wenn Sie die Oberfläche des Bleistifts untersuchen, wirklich auf jedes äußere Merkmal. Schließlich möchten Sie sich nicht das Geringste entgehen lassen. Gehen Sie dann einen Schritt weiter. Aus welchem Holz ist der Bleistift wohl gemacht? Stellen Sie es sich als Teil eines größeren Holzstücks vor. Machen Sie sich ein Bild davon, wie dieses Stück aus einem Holzblock herausgeschnitten wird, der wiederum aus einem Baum herausgefräst wird. Malen Sie sich aus, wie dieser Baum in die Fabrik transportiert wird. Wie er gefällt wird. Wie er ausgesucht wird. Sehen Sie den Baum inmitten anderer Bäume. Sehen Sie den ganzen Wald in der ihn umgebenden Landschaft. Den Zapfen, dem der Samen für diesen Baum entstammt. Sehen Sie den jungen Trieb. Den Regen, der ihn nährt. Denken Sie an alles, was dazu beigetragen hat, dass Sie dieses Stückchen Holz heute in der Hand halten können.

Betrachten Sie sodann auch den Graphit, die Farbe, die Messinghülse, den Radiergummi. Stellen Sie sich jeden Bestandteil des Bleistifts vor, und führen Sie sich jeweils vor Augen, was alles nötig war, damit Sie dieses Teil jetzt in der Hand halten können. Behalten Sie auch den ganzen Bleistift im Auge, während Sie sich gleichzeitig seinen Einzelteilen widmen. Denn darin besteht Ihr Ziel: Ihr Gewahrsein dieses relativ unbedeutenden, relativ einfachen Gebrauchsgegenstandes sowohl zu schärfen als auch zu vertiefen. Machen Sie diese Übung eine Woche lang jeden Tag, gern auch länger, und dringen Sie dabei täglich tiefer in das Verständnis dessen ein, was dieser Bleistift ist. Nach einiger Zeit dürfen Sie sich dann einen anderen Gegenstand aussuchen und von vorn beginnen. Das Ziel besteht darin, Ihren Verstand und Ihr gesamtes Denken so weit zu fokussieren, dass Sie diese Fähigkeiten effektiv im Dienste Ihrer spirituellen Wahl einsetzen können.

Mantrameditation

Die Mantrameditation, schon seit langer Zeit aus dem Yoga und anderen fernöstlichen spirituellen Praktiken bekannt, besteht aus der ständigen konzentrierten Wiederholung eines bestimmten Wortes oder Satzes. Die Intention ist auch hierbei, den Verstand vom üblichen zufälligen Gedankenblabla abzubringen. Bei der Transzendentalen Meditation (TM) beispielsweise erhält der Praktizierende von seinem spirituellen Lehrer ein persönliches Mantra. In bestimmten Schulen des Yoga gibt es zahlreiche verschiedene Mantras, mit denen sich jeweils ganz unterschiedliche Ergebnisse erzielen lassen.

Suchen Sie sich für die Mantrameditation eine bequeme Sitzposition, entweder mit gekreuzten Beinen auf dem Boden oder auf einem Stuhl mit gerader Rückenlehne, die Hände im Schoß oder auf den Oberschenkeln, die Augen geschlossen. Nehmen Sie ein Mantra, das Ihnen vertraut ist, erfinden Sie selbst eines, oder versuchen Sie es mit einem der folgenden:

»Liebe.«

»Ich bin Liebe.«

»Gott und ich, ich und Gott, wir sind eins.«

Mit den Übungen, die ich Ihnen in diesem Kapitel vorgeschlagen habe, können Sie sich sowohl körperlich als auch mental auf Ihre Reise ins Land der Spiritualität vorbereiten.

Beständiges Üben stärkt Ihr gewecktes Bewusstsein. Und dieses hellwache Bewusstsein ist das Ticket, das Ihnen Zugang zur Spiritualität verschafft und es Ihnen ermöglicht, eventuelle Unzufriedenheiten abzustellen. Wenn wir unsere Reise jetzt gleich fortsetzen, ist Ihre bewusste Intention ganz darauf gerichtet, alles zu tun, was erforderlich ist, um Einlass ins Land der Spiritualität zu finden:

- Ernährung: Ernähren Sie sich gesund, weil Sie sich lieben.
- Sport: Trainieren Sie Ihren Körper, um mit mehr Energie und höheren Frequenzen umgehen zu können.
- Achten Sie auf Ihr unbewusstes Gedankenblabla, und gewöhnen Sie es sich ab.
- Finden Sie zu mentaler Klarheit.

»Bleib sauber
und klar, denn du selbst
bist das Fenster,
durch das du die Welt siehst.«

GEORGE BERNARD SHAW

ÜBUNGEN

Die folgenden Übungen sollen Ihnen helfen zu begreifen, dass die Ausdrucksform Ihrer physischen Präsenz auf der Erde, Ihr Körper, von unbewussten Gedanken und Gefühlen aus der Vergangenheit bestimmt wird. Wenn Sie bewusster auf Ihren Körper achten, werden Sie auch mental offener. Eine Möglichkeit, die Vergangenheit loszulassen, ist Vergebung. Diese Übungen sind zugleich eine gute Vorbereitung auf die folgenden Kapitel. Außerdem finde ich, bringt es viel, wenn man die Antworten in ein Notizbuch schreibt, so können Sie sie immer mal wieder nachlesen und neue hinzufügen, falls Ihnen später noch weitere Einsichten kommen.

Vervollständigen Sie die folgenden Sätze:

Ich vergebe meinen Eltern, dass sie immer gesagt haben, mein Körper sei ...

Schreiben Sie alles auf, wovon Sie glauben, es sei an Ihrem Körper nicht in Ordnung, zum Beispiel Größe, Form, Gewicht:

Welche Angst ist es vor allem, die Sie davon abhält, Ihren Körper perfekt zu finden?

Schreiben Sie die folgenden Affirmationen auf, und sprechen Sie sie auch laut aus, insbesondere diejenigen, die bei Ihnen auf besondere Resonanz treffen:

1. Mein Körper ist genau jetzt stark, schön und perfekt.
2. Ich akzeptiere und liebe meinen Körper.
3. Ich vergebe mir, dass ich meinen Körper bewerte.
4. Mein Körper ist sehr lebendig und gesund.
5. Ich vergebe mir, meinem Körper irgendwann einmal wehgetan zu haben.
6. Was immer ich auch zu essen beschließe, es ist reine Liebesenergie.
7. Je mehr ich mich liebe, desto mehr Chancen bieten sich mir.

2

Lassen Sie Ihre Vergangenheit los, und beschließen Sie, sich zu lieben

Die Übungen aus dem ersten Kapitel werden Ihnen einige Klarheit verschafft und alten schlechten Gewohnheiten erste Risse zugefügt haben, durch die ab sofort das Licht Ihres neuen Lebens hindurchscheinen kann. Mit regelmäßiger gesunder Ernährung, mehr Sport und einem klaren, zielorientierten Denken erweitern Sie Ihren persönlichen Spielraum, das Glück, die Liebe und den Wohlstand erreichen zu können, die Sie jetzt anstreben wollen. Diese neue Bewusstheit, mit der Sie sich um Ihren Körper kümmern, Ihre Gedanken lenken und positive Gefühle nähren, ist sozusagen die Hardware, und die steht damit. Jetzt können wir im zweiten Schritt zur Erweckung Ihrer innersten Kraft anfangen zu klären, wer und was Sie in Ihrem spirituellen Leben sein werden.

Die erhabene spirituelle Kraft, von der wir alle durchströmt werden, ist die wahre Intelligenz. Wie wir Zugang zu ihr finden? *Mit dem Herzen.* Unsere Gefühle und Intuitionen sind deutliche Indikatoren dafür, was uns wirklich wichtig ist. Wir müssen unserem Herzen vertrauen, was auch geschieht.

Lassen Sie alles los, was überholt ist

Es ist an der Zeit, einmal zu schauen, welche Bindungen an Ihr altes Leben Sie sich zunächst bewusst machen müssen, bevor Sie sie loslassen können. Allzu viel Mühe brauchen wir nicht darauf zu verwenden, herauszufinden, womit genau wir unzufrieden waren; ein paar Fragen aber sollten wir uns doch stellen, damit wir die wichtigsten Themen und Erfahrungen benennen und uns deutlich von ihnen verabschieden können.

Bei der Flaschenatmung im ersten Kapitel haben wir geübt, mit Gedanken umzugehen, die uns von unseren Vorsätzen ablenken: Wir schauen sie uns ganz neutral und ohne jegliches Engagement an, als wären sie vollkommen von uns getrennt und losgelöst. Diese einfache Übung bildet auch die Grundlage für das, was wir jetzt mit Überzeugungen über das Leben, uns selbst und die Welt machen wollen, die mit unseren aktuellen Bedürfnissen oder Wünschen nicht mehr vereinbar sind.

Wenn Sie die Übungen aus dem ersten Kapitel regelmäßig und mit größter Achtsamkeit durchführen, werden Sie sich der negativen Überzeugungen und Annahmen bewusst, die Sie über sich selbst haben. Mit einigen dieser Überzeugungen und Annahmen ist es genau wie mit Ihrer Garderobe aus den Siebzigern, die nicht mehr zu der Person passt, die Sie heute sind.

Es muss Ihnen überhaupt erst einmal klar werden, dass Sie das taubenblaue Polyesterkostüm, das Sie sich 1975 zugelegt haben, auch heute noch tragen. Sie haben sich so daran gewöhnt, dass Ihnen gar nicht mehr auffällt, dass Sie es dreißig Jahre später immer noch anhaben. Die größere Bewusstheit, die sich aus den Übungen im ersten Kapitel ergibt, wird Ihnen jetzt helfen, schnell zu bemerken, wenn etwas, das Sie anziehen, heute eigentlich nicht mehr zu Ihnen passt. Das Ausmisten alter Klamotten und überholter Überzeugungen ist eine gute Vorbereitung auf das spirituelle Leben.

Ich möchte Ihnen jetzt eine weitere Übung vorschlagen; gehen Sie sie aber ganz locker an. Der Punkt ist, dass Sie sich der selbst gemachten Überzeugungen und Lebensumstände, die Ihnen nicht mehr entsprechen, bewusst werden. Plagen Sie sich nicht mit Selbstvorwürfen; es geht lediglich darum, mit Hilfe Ihrer größeren Bewusstheit, Ihrer Achtsamkeit, eine klare Trennungslinie zwischen der Vergangenheit und der Gegenwart zu ziehen. Stellen Sie sich vor, Sie würden sich mit einer lieben Freundin Fotos aus den Siebzigern anschauen. Heute lachen Sie darüber. Damals war das taubenblaue Polyesterkostüm der letzte Schrei. Inzwischen haben Sie sich aber verändert. Heute passt es nicht mehr zu Ihnen.

Bleiben Sie also wirklich ganz locker, und seien Sie bereit, sich zu vergeben. Verzeihen Sie sich alles, was früher einmal stimmig war, es heute aber nicht mehr ist. Es geht darum, bewusst eine Distanz zu schaffen zwischen Ihrem aktuellen Ich, das kurz davor steht, in ein spirituelles Leben aufzubrechen, und den Aspekten Ihres Lebens, die mit Ihrer heutigen Person unvereinbar sind.

Suchen Sie sich ein ruhiges, bequemes Plätzchen, an dem Sie eine halbe Stunde ungestört sind. Nehmen Sie sich etwas zu schreiben und fünf Blatt Papier. Sie werden jetzt Inventur machen und alle taubenblauen Polyesterkostüme aufstöbern, die nicht mehr zu Ihrem heutigen Ich passen.

Fangen wir an. Schreiben Sie alles auf, was Ihnen in den Sinn kommt. Nichts ist zu bedeutsam oder zu geringfügig. Wenn Ihnen etwas einfällt, hat es schon seinen Grund. Schreiben Sie es also auf. Seien Sie so präzise wie möglich, ohne sich von Ihrer Aufgabe ablenken zu lassen. Sie müssen keinen Aufsatz schreiben, Sie sollen lediglich eine Liste erstellen. Fangen Sie direkt in der Mitte an, bei sich selbst: Welche der Überzeugungen, die Sie von sich haben, sind inzwischen überholt? Haben Sie irgendwann einmal beschlossen, dass Sie sich hässlich oder nicht liebenswert finden? Dass Sie keine schönen Haare haben oder schlecht sind in Mathe? Dass Ihr Orientierungssinn zu wünschen übrig lässt? Dass Ihre Schwester hübscher oder Ihr Bruder schlauer ist als Sie? Sind Sie irgendwann einmal zu dem Schluss gekommen, Sie seien kraftlos oder willensschwach? Haben Sie vielleicht einmal für sich beschlossen, sexuelle Nähe sei viel zu gefährlich? Sie hätten keinen rücksichtsvollen, tollen Liebhaber verdient? Sie seien schlicht und ergreifend nicht gut genug? Haben Sie sich eingeredet, dass Sie keinem Stückchen Schokolade widerstehen können? Oder Zigaretten? Dass Sie schüchtern sind? Immer Gewichtsprobleme haben werden? Nicht gut mit Leuten können? Flugangst haben? Machen Sie nur weiter. Schreiben Sie alles auf, was nicht zu der Person passt, die Sie im Land der Spiritualität sein wollen. Im schicken Rom würden Sie Ihre alten, unmodernen Klamotten ja wohl auch nicht tragen wollen, oder?

Nehmen Sie sich dann ein neues Blatt Papier und arbeiten Sie sich nach außen vor. Denken Sie an Ihre Familie und Ihre primären Bezugspersonen. Was für veraltete Überzeugungen haben Sie in Bezug auf diesen Kreis? Haben Sie vor ewigen Zeiten vielleicht einmal beschlossen, dass diese Menschen Sie nie geliebt haben und dass das Ihre eigene Schuld sei? Dass Sie finanziell nie so erfolgreich sein werden wie Ihr Vater? Nicht so selbstlos und großzügig wie Ihre Mutter? So gütig wie Ihre Oma? Inwiefern haben Ihre Überzeugungen in Bezug auf Angehörige und andere Bezugspersonen Sie eingeschränkt? An welchen Punkten haben Sie sich unnötigerweise mit einem dieser Menschen verglichen und dabei den Kürzeren gezogen? Notieren Sie das alles. Was immer hochkommt, bewerten Sie es nicht. Schreiben Sie es einfach auf.

Nehmen Sie sich dann ein neues Blatt, und weiten Sie den Kreis aus. Welche veralteten Überzeugungen hegen Sie über sich selbst in Beziehung zu Ihrem Bekanntenkreis – Kollegen, Kirchengemeinde, Nachbarn, Leute aus der Umgebung? Welche alte Rolle passt heute nicht mehr zu Ihnen? Haben Sie vielleicht beschlossen, im Büro immer die Ulknudel zu geben, um Anerkennung zu erhalten? Den Exzentriker zu spielen? Versuchen Sie, Respekt zu heischen, indem Sie sich unnahbar zeigen? Erhöhen Sie sich selbst, indem Sie sich Urteile über andere anmaßen? Wie verhalten Sie sich, um den Anschein von Selbstsicherheit zu erwecken? Geben Sie mit Ihrem Auto an? Oder mit Ihrem Geld? Ist Ihnen all das auch heute noch dienlich? Schreiben Sie alles auf, was nicht mehr stimmig ist. Gehen Sie dabei aber liebevoll mit sich um, und seien Sie bereit, sich zu vergeben. Schreiben Sie einfach nur Worte auf Papier. Außer Ihnen liest es ja keiner.

Nehmen Sie dann Ihr viertes Blatt her, und erweitern Sie den Kreis noch einmal – diesmal auf die ganze Welt. Welche Entscheidungen haben Sie früher einmal getroffen, die heute nicht mehr zu Ihnen passen? Registrieren Sie vielleicht unbewusste rassistische Vorurteile, die Sie möglicherweise von den Großeltern übernommen oder in der Schule aufgeschnappt haben, die aber der Person, die Sie heute sein wollen, nicht mehr angemessen sind? Hegen Sie Vermutungen über ganze Länder, Regionen oder die gesamte Welt, die Sie davon abhalten, den einzelnen Menschen wahrzunehmen? Sind Sie der Auffassung, die Welt sei gefährlich oder feindselig? Verurteilen Sie Menschen aufgrund der Vergehen ihrer Vorfahren? Sie verstehen bestimmt, was gemeint ist. Machen Sie so weiter. Oder treffen Sie vielleicht auch positive Verallgemeinerungen, die so nicht stimmen? Halten Sie die Italiener(innen) beispielsweise für begehrenswerter, als Sie es je sein werden?

Nehmen Sie dann Ihr letztes leeres Blatt zur Hand. Welche Meinung haben Sie sich über das Universum gebildet? Halten Sie es für gefährlich? Sich selbst für einen unerwünschten Eindringling? Finden Sie, Sie hätten in Ihrem Leben Dinge getan, aufgrund derer Sie es nicht wert sind, all der Freuden und Wonnen teilhaftig zu sein, die das Universum zu bieten hat? Haben Sie auf irgendeiner Ebene entschieden, Liebe, dauerhafte, allmächtige Liebe, sei für Sie nicht zu erreichen? Sie hätten irgendetwas gesagt oder getan, das Sie von der Quelle der Universellen Liebe und des Universellen Lichts ausschließt?

Betrachten Sie alle Überzeugungen und Vermutungen, die Sie über alles und jeden haben. Benennen Sie alle Überzeugungen, von denen Sie bereit sind, sich zu verabschieden, und lassen Sie sie aufs Papier fließen: Überzeugungen über sich selbst, Ihre Familie, die Gemeinschaft, die Welt, das ganze Universum. Ihr Stift rast nur so über das Papier. Kümmern Sie sich nicht darum, wie es aussieht, wie es sich anhört, es liest wirklich niemand. Befreien Sie sich von allem, was Sie loswerden wollen, von dem ganzen Gepäck, das Sie sich bewusst oder unbewusst aufgeladen haben (oder auch jemand anders). Um ins Land der Spiritualität reisen zu können, müssen Sie Ballast abwerfen. Mit all Ihren Annahmen und Unterstellungen sind Sie viel zu schwer für den Flug.

Nehmen Sie sich also eine halbe Stunde Zeit, und erstellen Sie Ihre Liste. Machen Sie sich keine Sorgen, dass Sie etwas vergessen könnten. Sie dürfen diese Übung immer und immer wiederholen. Zögern Sie nicht, jeden Punkt aufzuschreiben, der Ihnen in den Kopf kommt. Wenn er Ihnen bei den unterschiedlichen Kreisen, die Sie untersucht haben, eingefallen ist, hat das schon seinen Sinn. Fügen Sie ihn hinzu.

Setzen Sie sich ein zeitliches Limit. Dreißig Minuten. Kommen Sie dann wieder zurück.

Fühlen Sie sich jetzt schon etwas leichter? Suchen Sie sich nach dieser Übung einen Ort, an dem Sie allein sein können, vielleicht am besten draußen. Nehmen Sie Streichhölzer und einen großen Topf mit. Oder sehen Sie sich nach einem feuerfesten Untergrund um, wie Kamin, Grill, Terrasse oder Balkon. Jetzt werden Sie ein kleines Ritual durchführen. Sagen Sie laut: »Ich löse mich von diesen Überzeugungen, die meinem spirituellen Lebensplan nicht länger entsprechen. Ich vergebe mir, diese Überzeugungen gehabt zu haben.«

Lesen Sie sich die Liste Ihres ersten Kreises laut vor: die mit den Überzeugungen, die Sie von sich selbst hatten. Lassen Sie sich für jeden einzelnen Punkt genügend Zeit, und spüren Sie, wie Sie sich bewusst davon lösen. Nehmen Sie sich so viel Zeit, wie Sie brauchen, lassen Sie sich aber nicht von Ihrer Aufgabe ablenken. Sagen Sie dann ein weiteres Mal: »Ich löse mich von diesen Überzeugungen, die meinem spirituellen Lebensplan nicht länger entsprechen. Ich vergebe mir, diese Überzeugungen gehabt zu haben.« Sehen Sie zu, wie sich die alten Ursachen für Ihre Sorgen und Unzufriedenheit in Rauch auflösen. Sie haben sich von den veralteten Überzeugungen, die Sie von sich hatten, gelöst. *Seien Sie davon überzeugt.*

Führen Sie dieses Ritual dann auch mit Ihren restlichen vier Listen durch. Lesen Sie sich die veralteten Überzeugungen in Bezug auf Ihre Familie, Ihren Bekanntenkreis, die Welt und das Universum laut vor, verbrennen Sie sie, und sagen Sie dann: »Ich löse mich von diesen Überzeugungen, die meinem spirituellen Lebensplan nicht länger entsprechen. Ich vergebe mir, diese Überzeugungen gehabt zu haben.«

Wenn Sie mit allen fünf Listen fertig sind, setzen Sie sich still hin und atmen tief durch. Spüren Sie, dass Sie leichter geworden und jetzt weniger belastet sind. Nehmen Sie die Energie wahr, die bislang von diesen alten Überzeugungen absorbiert wurde und die Ihnen jetzt zur Verfügung steht. Nehmen Sie bewusst zur Kenntnis, dass Sie jetzt zum Abflug bereit sind. Wenn Sie noch irgendwelche altmodischen Klamotten im Kleiderschrank haben, ist die Zeit gekommen, sich auch von diesen zu trennen. Sie müssen Platz schaffen für die Weite Ihres neuen spirituellen Lebens.

Während Ihr Bewusstsein allmählich klarer und klarer wird, können Sie diese Übung immer wieder durchführen. Klarheit ist Macht. Je bewusster Sie sich Ihrer Überzeugungen werden, desto mehr Macht bekommen Sie, sie zu verändern und sich das Leben zu erschaffen, das Sie sich wünschen. Behalten Sie Ihre Überzeugungen, Annahmen und Unterstellungen mit bewusster Achtsamkeit im Auge. Überprüfen Sie Ihre Glaubenskonstrukte regelmäßig, und frischen Sie sie gegebenenfalls auf – ein Leben lang. Objektivieren Sie veraltete Überzeugungen, indem Sie sie von Ihrem aktuellen Ich lösen – am Anfang können Sie das mit dem beschriebenen Ritual machen; aber in dem Maße, in dem sich Ihre Praxis weiterentwickelt, werden Sie zunehmend in der Lage sein, den Effekt der Objektivierung auch durch ein rein geistiges Ritual zu erreichen. Dann werden Sie alle unpassenden, veralteten Überzeugungen genau in dem Moment ablegen können, in dem Sie sich ihrer bewusst werden. Das Ergebnis ist ein störungsfreieres, zeitgemäßeres, kompetenteres, *lebendigeres* Leben.

Passen Sie Ihr Verhalten Ihren neuen Überzeugungen an. Sobald Sie nicht mehr glauben, dass Sie doch wieder zunehmen, räumen Sie Ihren Kleiderschrank auf, und schmeißen Sie alles raus, was Ihnen zu weit geworden ist, denn anderenfalls bleibt alles beim Alten. Solange Sie diese Kleidungsstücke behalten, weil Sie glauben, dass Sie sie eines Tages wieder brauchen werden, wird genau das eintreten. Sie aufzubewahren ist ein kreativer Akt, der garantiert, dass Sie wieder zunehmen. Ziehen Sie Ihr Vorhaben klar und eindeutig durch.

Archetypen

Wenn ich mit meinen Klienten die Überzeugungen durchgehe, die sie von sich selbst haben, fällt mir immer wieder auf, dass viele von ihnen übergreifende Identitäten angenommen haben, zu denen es auch noch verschiedene Unterkategorien gibt. Manchmal hilft die Frage: »Welche archetypische Rolle spielen Sie da gerade?« Mit einigen dieser weit verbreiteten Archetypen möchte ich Sie kurz bekannt machen, da es Ihnen bei der Analyse Ihrer eigenen Person nützen kann:

Der Retter

Diese Leute versuchen, Mutter Teresa zu sein. Damit will ich nicht behaupten, dass sie nicht ernsthaft beabsichtigen, anderen zu helfen, wie es Mutter Teresa zweifellos getan hat. Viele aber haben das irrige Empfinden, sie hätten keine Liebe, Intimität, keinen Erfolg, kein Glück, keinen Wohlstand und dergleichen verdient und könnten ihre Chancen nur dadurch verbessern, dass sie andere retten. Das ist aber unmöglich. Vertreter dieses Typus nähren damit lediglich den Irrglauben, der ihrem Verhalten zugrunde liegt – das Gefühl der eigenen Wertlosigkeit. Dieses müssen sie objektivieren und loslassen.

Der Angepasste

Wie der Retter konstituiert sich auch dieser Typus aus dem Glauben an das eigene Ungenügen. Angepasste halten so wenig von sich, dass sie sich mit allem einrichten, was andere wollen oder entscheiden. Sie meinen wahrscheinlich, mit dieser vorgeblichen Großzügigkeit könnten sie ihren persönlichen Wert ein wenig vergrößern, im Grunde aber handelt es sich um als Großzügigkeit getarnten Egoismus. Angepasste ordnen ihren grenzenlosen spirituellen Lebensplan dem beschränkten Selbstbild ihres Egos unter.

Der Boss

Diesen Namen habe ich gewählt, um Leute zu charakterisieren, die ein überbordendes Bedürfnis haben, andere zu kontrollieren. Das kommt daher, dass sie chronisch davon überzeugt sind, in ihrer Existenz bedroht zu sein – ein Irrglaube, den sie irgendwann einmal angenommen haben. Von ihm muss man sich unbedingt lösen, wenn man spirituell leben möchte. Es führt zu nichts, wenn man glaubt, sich selbst stärken zu können, indem man andere beherrscht.

Die Königin

Wie der Boss ist auch dieser Typus Ausdruck eines tiefen Misstrauens gegenüber anderen Menschen. Die Königin hat sich abgesetzt, lebt in gesellschaftlicher Isolation, weit entfernt von allen anderen. Dem liegt der Irrglaube zugrunde, sie sei irgendwie »besser« als alle anderen. In Wirklichkeit hat sich ein solcher Mensch selbst jegliche Chance genommen, zu lieben und geliebt zu werden.

Der Macho

Auch dieser Typus beruht auf Angst. Der Macho hofft sich vor intimen Kontakten schützen zu können, die ihn verletzlich machen würden, indem er versucht, »besser« (größer, stärker, schneller, reicher) zu sein als andere.

Einige meiner Klienten und Klientinnen finden sich zwar selbst nicht direkt in diesen Archetypen wieder, bekommen es aber wiederholt mit einem bestimmten Archetypus zu tun.

Eine Frau zum Beispiel, nennen wir sie Elena, lässt sich immer wieder auf schöne jüngere Männer ein, die ihr nicht gut tun. Sie verfängt sich dann so im Netz der sexuellen Anziehungskräfte, dass sie vollkommen das Urteilsvermögen verliert.

Rational weiß sie ganz genau, dass diese flachen Affären nicht das Richtige für sie sind. Sie ist es aber einfach nicht gewöhnt, gut behandelt zu werden. Ich versuche ihr beizubringen, dass sie mehr an sich denken muss. Was sie da ständig tut, ist einfach nicht akzeptabel. Ich sage immer: Geben Sie sich nicht mit einem mittelmäßigen Leben zufrieden.

Verhalten Sie sich so, als würden Sie sich lieben

Wie Elena ihre Gewohnheit ablegen kann? Dafür gibt es eine ganz einfache Methode: Sie muss sich so verhalten, als würde sie sich lieben. Das übe ich mit ihr. Sie hat nämlich tatsächlich die Wahl. Welche Männer würde Elena wohl anziehen und sich suchen, wenn sie sich selbst liebte? Wahrscheinlich wären sie freundlich, verantwortungsbewusst, liebevoll und großzügig, eben Typen, die sich auch selbst lieben. Anfänglich besteht bei diesen Männern vielleicht sexuell nicht die gewohnte Riesenanziehungskraft, mit großer Wahrscheinlichkeit sogar nicht, denn das, was Elena in der Vergangenheit so attraktiv fand, war ja die Bestätigung ihrer eigenen Wertlosigkeit. Dieses Gefühl muss Elena objektivieren und loslassen, soll es nicht länger die Grundlage ihrer Beziehungen bilden.

An dieser Stelle möchte ich einen Moment innehalten und kurz darüber sprechen, wie sich Ihre intimen Beziehungen wahrscheinlich verändern werden, sobald Sie anfangen, spirituell zu leben. In der Arbeit mit meinen Klientinnen und Klienten habe ich das hundertfach beobachtet. Die meisten Männer und Frauen haben einen bestimmten »Typ«, zu dem sie sich hingezogen fühlen. Diese Anziehung ist meistens sexueller Natur. Irgendetwas in Ihrer Vergangenheit hat einmal dazu geführt, dass »groß, dunkelhaarig und gut aussehend« beziehungsweise »blond, kurvenreich und süß« Ihr Blut in Wallungen bringt. Dieses Gefühl kennen wir doch alle: den plötzlichen Stich im Magen, wenn wir unserem »Typ« begegnen. Manche gucken dann bloß hin; andere gehen der Sache instinktiv nach und lassen sich gleich wieder auf die nächste laue Affäre ein, die letztlich überhaupt nichts bringt. Solange wir nicht bereit sind, unser Bewusstsein für diese Verlockungen und die sich daraus ergebenden Affären zu schärfen, erleben wir eine Enttäuschung nach der anderen. Möglicherweise ein Leben lang. (Das kommt tatsächlich vor!)

Auch im spirituellen Leben sind wir natürlich nicht blind für unseren »Typ«, wenn er uns vor die Flinte läuft. Das höher entwickelte Bewusstsein aber, das wir inzwischen erreicht haben, lässt dann auch andere innere Stimmen über den potenziellen Partner zu, den sich unser sexuelles Ich da ausgeguckt hat. Im Land der Spiritualität hat das Herz bei der Partnerwahl das erste und das letzte Wort. Und dadurch, dass wir gelernt haben, klarer zu denken, gucken wir uns das alles auch im Lichte dessen an, was gut für uns ist.

Das heißt wie gesagt nicht, dass wir uns nicht auch noch von unserem »Typ« angesprochen und angezogen fühlen, wenn wir spirituell leben; wir reagieren auf diese Anziehung aber mit der Besonnenheit unseres gesamten bewussteren Wesens. So bemerkt es Elena zum Beispiel durchaus, wenn sie sich von einem bestimmten Mann körperlich angezogen fühlt. Bevor sie aber entsprechend handelt, wie sie es früher getan hätte, hört sie jetzt zunächst einmal auf die Warnungen, die sie von den anderen Teilen ihrer Persönlichkeit erhält.

Auf dem Papier kommt es Ihnen wahrscheinlich ganz vernünftig vor, bewusst an die Liebe heranzugehen. In der Praxis kann das aber ganz anders aussehen. Ich habe immer wieder Klienten, die an diesem Punkt völlig in Verwirrung geraten. Wie oft habe ich gehört, dass einer zu mir kommt und sagt: »Ich mag diesen Menschen wirklich, aber er ist einfach nicht mein Typ.« William zum Beispiel zog mich aus beruflichen Gründen zu Rate. Er hatte eines meiner Seminare besucht und danach zu Hause einige Wochen lang die Übungen durchgeführt, die Sie im ersten Kapitel kennen gelernt haben. Jetzt hatte er das Gefühl, er sei bewusster geworden, und wollte daher beruflich einiges verändern. Als er zu mir kam, war er ziemlich durcheinander, aber auch sehr glücklich.

Bevor er auf den Beruf zu sprechen kam, wollte er mir von einer Frau erzählen, die er in seinem Yogakurs kennen gelernt hatte. Er sagte, obwohl sie sehr schön sei, fühle er sich nicht besonders von ihr angezogen. Wahrscheinlich war sie auch älter als er, und er zog normalerweise jüngere Frauen vor. Die Betreffende war ziemlich groß und brünett, »sein Typ« waren aber eher kleinere, sportliche Blondinen. Da er sich trotzdem zu dieser Frau hingezogen fühlte, hatte er sie eines Abends auf einen Tee eingeladen. Fast drei Stunden hatten sie im Café gesessen und gequatscht. Die ganze Zeit über stellte William immer wieder fest, wie toll sie eigentlich war. Nett, großzügig, warmherzig, mitfühlend. Alles Eigenschaften, vor denen er großen Respekt hatte. Wenn sie ihn um irgendetwas gebeten hätte, sagte er, hätte er es ihr auf keinen Fall abgeschlagen. Er hätte sie in jeder Hinsicht gern unterstützt. Ich fragte ihn, ob er diese Frau liebe. Ja, sagte er, das schon. Er fügte aber auch schnell hinzu, dass er keine sexuellen Gefühle für sie habe. Sie wäre für ihn eher wie eine Schwester oder platonische Freundin. Und trotzdem dachte er seither ständig an diese Frau, und das brachte ihn völlig durcheinander. Er wollte sie gern wiedersehen und bei ihr sein, aber sie war eben nicht »sein Typ«.

So wie William geht es vielen Menschen, die gerade erst beginnen, spirituell zu leben. Manche suchen ihr ganzes Leben nach dem richtigen Partner; diese Suche hat aber unbewusst etwas Krankhaftes. »Ihr Typ« steht nicht in Einklang mit der bewussten, heilen Person, die sie sein werden, sobald sie spirituell leben, sondern ergibt sich aus einer ganzen Reihe unbewusster Wünsche. Häufig handelt es sich dabei um frühkindliche Prägungen; ich kenne zahlreiche Männer, alles Klienten von mir, die auch heute noch dem ersten *Playboy*-Pin-up-Girl nachjagen, das sie vor zwanzig, dreißig oder sogar vierzig Jahren gesehen haben. Eine solche unbewusste Anziehung muss nicht einmal offen sexueller Natur sein. Louise, eine Klientin von mir, musste zum Beispiel feststellen, dass sie ganze fünfzehn Jahre lang immer auf der Suche nach einem Mann gewesen war, der sie genauso schlecht behandelte wie ihre Mutter. Sie dachte, Männer »mit Ecken und Kanten« wären nun einmal ihr Typ. Und sie begegnete einer ganzen Menge von denen.

Natürlich verändert sich der »Typ« von Mensch, auf den wir uns einlassen, sobald wir bewusst und mit Selbstliebe an die Romanze herangehen. Williams Verwirrung lag daran, dass sein Bewusstsein bis vor kurzem noch nicht weit genug entwickelt gewesen war, um richtig unterscheiden zu können. Er liebte die Frau aus seinem Yogakurs. Die Anziehung, die er für sie empfand, entstammte dem Herzen, dem vierten Chakra. Früher war die Attraktion bei ihm immer aus dem Sexualzentrum gekommen, dem zweiten Chakra. Der ganze

Prozess des spirituellen Lebens zielt darauf ab, das Herz zum Zentrum unseres energetischen Wesens zu machen.

William traf sich weiter mit der Frau aus seinem Yogakurs. Die Kommunikation zwischen ihnen war gut und ungestört, und er konnte sagen, dass er sie liebte, aber nichts von ihr wollte; die Liebe, die er für sie empfand, war ihm Lohn genug. William hatte sich auf die bedingungslose Liebe eingestimmt. Und die ist es, die das Universum im Innersten zusammenhält. Dadurch, dass er sich in Achtsamkeit übte, hatte sich William auf ein spirituelles Leben eingestellt. Es ergab sich, dass er die Frau aus seinem Yogakurs liebte – und dass er sich selbst liebte. Das, wovon er sich heute angezogen fühlt, hat nichts Unbewusstes oder Pathologisches mehr an sich, sondern ist Ausdruck seiner Eigenliebe.

Überlegen Sie doch einmal: Wie verhalten sich Menschen, die sich selbst lieben? Und wie würden Sie sich verhalten, wenn Sie sich selbst richtig lieben könnten? Wären Sie entspannter? Hätten Sie mehr Vertrauen? Würden Sie vielleicht weniger herumtricksen und andere manipulieren? Wären Sie freundlicher? Großzügiger? Liebevoller? Würden Sie sich klare, feste Grenzen setzen, um sicherzustellen, dass Ihr Umfeld auch wirklich gut für Sie ist? Wären Sie ehrlicher und aufrichtiger? Hätten Sie weniger Angst? Würden Sie mehr aus dem Herzen heraus leben?

Ist Ihnen schon einmal aufgefallen, dass bestimmte Menschen eine ganz spezielle Energie ausstrahlen? Sie haben etwas an sich, das unsere Aufmerksamkeit erregt. Wir fühlen uns zu ihnen hingezogen, oder sie inspirieren uns – und wir wissen gar nicht so genau, warum. Sie haben ein gewisses

Charisma. Frieden und Zufriedenheit gehen von ihnen aus, sie scheinen eine innere Freude zu empfinden, egal, wer und wo sie sind und was sich um sie herum abspielt. Sie gehen mit unerschütterlichem Selbstbewusstsein und Optimismus durchs Leben, und wir können uns nur fragen, wo sie das wohl herhaben. Alle Menschen mit einer solchen Ausstrahlung haben eines gemein: *Sie lieben sich selbst.* Völlig unabhängig davon, was andere von ihnen halten, haben sie entschieden, sich zu lieben. Die Freude und die Zuversicht, die wir an ihnen beobachten, spiegeln diese Selbstliebe wider. Weil sie sich lieben, funktionieren ihre Beziehungen, sind sie beruflich und auf allen anderen Gebieten ihres Lebens erfolgreich. Sich selbst geben sie all das, was sie einem anderen geliebten Menschen auch geben würden.

Wenn Sie beschließen, sich selbst zu lieben, bekräftigen Sie Ihre Großartigkeit. Dadurch teilen Sie dem Universum energetisch mit: »Ich entscheide mich dafür, mir selbst genauso viel liebevollen Respekt entgegenzubringen wie den Menschen, die ich liebe. Ich bin liebenswert. Ich habe es verdient, glücklich zu sein. Ich habe Erfolg verdient. Ich bin es wert, geliebt zu werden.« Wie Sie sich selbst behandeln, zeigt anderen Menschen und dem gesamten Universum ganz genau, wie Sie behandelt werden möchten. Wenn Sie beschließen, sich zu lieben, werden sich auch andere veranlasst sehen, Sie zu lieben. Wenn Sie sich lieben, spiegelt das Universum diese Liebe wider.

Sie können damit anfangen, dass Sie einfach sagen: »Ich liebe mich.« Sagen Sie es zu jeder Zeit und ganz besonders, wenn Ihnen am wenigsten danach ist, wenn Sie das Gefühl haben, es sei schlicht und ergreifend gelogen, Sie seien diese

Selbstliebe beim besten Willen nicht wert. Indem Sie es genau in solchen Momenten sagen, lassen Sie immerhin die Möglichkeit zu. Wir beschließen, uns zu lieben. Es ist tatsächlich ein Entschluss, ein einfacher, aber entscheidender Entschluss, der wunderbare Dinge nach sich zieht.

Wenn Ihnen der Satz »Ich liebe mich« nicht so leicht von den Lippen geht, haben Sie wahrscheinlich eine ganze Liste mit Gründen im Kopf, warum Sie diese Liebe nicht verdient haben (dürfen). Lösen Sie sich von all den Stimmen, die Ihnen mit Ausreden kommen, warum Sie sich nicht lieben sollten. Lassen Sie diese Stimmen und Ausreden ziehen, machen Sie es genau wie mit den gedanklichen Ablenkungen bei der Flaschenatmung. Verabschieden Sie sich von allen negativen Stimmen, und verhalten Sie sich so, als ob Sie sich lieben würden. Bewegen Sie sich vorwärts. Beschließen Sie, ein Mensch zu sein, der Licht ausstrahlt und mit unerschütterlicher Freude und Selbstvertrauen durchs Leben geht.

Es beginnt mit der Absicht. Sagen Sie sich: »Ich liebe mich«, und lassen Sie alles andere los. Merken Sie, wie sich Ihre Energie verändert, wenn Sie diese drei Worte aussprechen? Wenn Sie sie denken? Genauso ist es. Jedes Mal, wenn Sie »Ich liebe mich« sagen oder denken, verändern sich Ihre Energien. Mit dieser Übung werfen Sie unnötiges Gepäck ab, das Ihnen sowieso nie gehört hat. Sie öffnet Räume, schafft Platz für Glück und Erfolg und die ganze grenzenlose Liebe, die das Universum zu bieten hat.

Wenn Sie sich immer wieder sagen »Ich liebe mich«, nimmt Ihre Energie eine ganz andere Färbung an. Sie wird heller und strahlender. Allmählich beginnen auch Sie das Licht auszustrahlen, das Sie bisher bei anderen gesehen haben, das Licht, das Sie so angezogen hat. Geliebt haben Sie sich schon immer; sie müssen sich nur entsprechend verhalten, um sich daran erinnern zu können. Sagen Sie es sich immer wieder, und schauen Sie zu, wie sich Ihr ganzes Leben verändert. Liebe ist die kreative, heilsame Energie des Universums. Indem Sie die Liebe in Ihr Leben lassen, wird das Unmögliche möglich, das Komplizierte ganz einfach, und aus Verwirrung wird Klarheit. Es ist eine ganz simple Entscheidung. Tagtäglich treffen Sie Tausende von Entscheidungen. Warum nicht auch diese? Die Entscheidung zu sagen »Ich liebe mich« wird Ihr ganzes Sein umkrempeln. Sie ist der Schlüssel zum spirituellen Leben.

Übungen

Die folgenden Übungen werden Sie dabei unterstützen, Verhaltensmuster abzulegen, denen Sie nicht länger folgen wollen. Wir haben uns in diesem Kapitel mit Beziehungsfragen beschäftigt; dieselben Techniken lassen sich jedoch auch auf andere Bereiche anwenden.

Benennen Sie alle Muster, die bei Ihnen auf den folgenden Gebieten offenbar immer wieder auftreten, und schreiben Sie sie am besten in Ihr Tage- oder Notizbuch:

- Gesundheit
- Finanzen
- Beziehungen
- Beruf

Nehmen Sie bitte zur Kenntnis, dass man von den Eltern oder anderen Verwandten auch Gedanken und Überzeugungen »erben« kann. Ein Beispiel: Früher war in meiner Familie meine Mutter die dominante Figur, heute ist es meine Frau. Schauen Sie sich Ihre Ursprungsfamilie an, und versuchen Sie herauszufinden, ob sich entsprechende Muster auch in Ihrer jetzigen finden lassen.

Verändern können Sie Ihre Situation entweder, indem Sie Grenzen setzen, loslassen oder auch, indem Sie sich fragen: Bringen mich diese Umstände voran, stagniere ich dabei, oder bedeuten sie einen Rückschritt? Je nach der Antwort, die Sie darauf geben, können Sie die betreffenden Umstände verändern, indem Sie Ihre unbewussten Annahmen loslassen und sich Grenzen setzen, die Sie in der Spur halten und dafür sorgen, dass Sie Ihr Ziel nicht aus den Augen verlieren. Sie müssen nicht jeden Schritt des Weges exakt planen. Indem Sie klar benennen, wo Sie im Moment stehen, und sich ständig darauf konzentrieren, was Sie erreichen möchten, leben Sie Ihre Spiritualität und lassen die kreativen Kräfte des Universums eine Verbindung zwischen diesen beiden Punkten herstellen.

Listen Sie alles auf, was Sie einmal machen möchten:

____

____

____

____

____

Wie schätzen Sie sich in Bezug auf Geld, Besitztümer und Leistungen ein?

____

Seien Sie sich bewusst, dass Sie mit dem Loslassen überlebter Überzeugungen beabsichtigen, sich Klarheit darüber zu verschaffen, was Sie wirklich wollen.

Es hat einen reinigenden Effekt, diese veralteten Überzeugungen aufzuschreiben. Dann ersetzen wir diese Muster, indem wir sagen: »Diese alten Überzeugungen akzeptiere ich jetzt nicht mehr und lasse sie los.«

Nur zu!

Affirmationen

1. Ich gestatte mir, in Fülle zu leben.
2. Ich glaube an Erfolg und Glück.
3. Ich breche alle Verträge mit meiner Seele, die mich einschränken.
4. Ich bin so frei, fröhlich und glücklich zu sein.
5. Ich lasse frühere Erfahrungen los. Sie haben keine Macht mehr über mich.

6. Ich bin so frei, nur die allergrößte Liebe zu erleben, zu mir selbst, in meinen Beziehungen, in meinem ganzen Leben.
7. Ich lasse nur Liebe in mein Leben.
8. Je mehr ich liebe, desto mehr genieße ich jeden einzelnen Augenblick.

3

Verzeihen Sie, damit Sie die Liebe empfangen können, die Sie verdient haben

Stellen Sie sich zwei Menschen vor, die sich lieben. Irgendetwas, das der eine sagt oder tut, verletzt den anderen. Dadurch kommt die Beziehung so lange durcheinander, bis sich der eine entschuldigt und der andere ihm verzeiht. Was die Einigkeit wiederherstellt, ist der Akt des Verzeihens – nicht die Entschuldigung. Der Vergebung wohnt die einzigartige Macht inne, Trennung zu überwinden. Sie kann nicht nur einen Streit beilegen, sondern auch die Illusion bereinigen, Sie seien abgetrennt von Ihrem grenzenlosen spirituellen Ich. Vergebung ermöglicht es Ihnen, wieder spirituell zu leben und die Erfahrung überströmender Liebe zu machen.

Die Wahrheit ist: Nichts, was Sie je gewesen sind oder getan haben, ist unverzeihlich. Nichts. Wenn Sie davon überzeugt sind, wird sich Ihr ganzes Leben verändern. Halten Sie inne, prägen Sie es sich ein, und spüren Sie dann, wie sich Ihr Körper entspannt: *Nichts, was Sie je gewesen sind oder getan haben, ist unverzeihlich.*

Stellen Sie sich vor, Sie haben ein kleines Kind; ein Zwei- oder Dreijähriges könnte nichts tun, was Sie ihm nicht verzeihen würden – nichts! Natürlich vergeben Sie ihm; alles andere wäre ja lächerlich. Vielleicht vergessen Sie sein Verhalten nicht unbedingt; mit Sicherheit aber würden Sie Ihrem Kind verzeihen, denn Sie wissen, dass es in der Natur von Dreijährigen liegt, Fehler zu machen. Das ist Ihnen absolut klar. Nun, auch in der Natur von Erwachsenen liegt es, Fehler zu machen. Denn durch Fehler lernen wir. Wenn wir perfekt wären, hätten wir dem Planeten Erde keinen Besuch abstatten müssen.

Genau wie Sie einem dreijährigen Kind selbstverständlich seine Fehler und Übertretungen vergeben würden, müssen Sie auch bereit sein, sich selbst zu verzeihen. Ihre Versöhnlichkeit sich selbst gegenüber ist der Ausweg aus der schrecklichen Illusion von Trennung und Mangel und gestattet es Ihnen, ein spirituelles Leben zu führen, in dem Sie genau die Fülle erleben können, die Sie sich wünschen. Der entscheidende Unterschied zwischen einer Vorstellung von sich selbst als einem isolierten, rationalen Ego, das die Knappheit verwaltet, und einem spirituellen Wesen, das sich vollkommener Fülle erfreut, liegt in der Vergebung. Sie ist die Brücke zwischen einem negativen, unvollständigen Selbstbild und einer Sicht auf sich selbst als liebevollen, starken und mit der Quelle aller Liebe und allen Lichtes vereinten Menschen. Die Vergebung wiegt den allzu menschlichen Fehler auf, sich mit dem beschränkten Verstand zu identifizieren, und verbindet Sie aufs Neue mit dem uferlosen spirituellen Wesen, das Sie in Wahrheit sind. Wenn Sie Ihre vermeintlichen Grenzen einmal loslassen, werden Sie feststellen, dass Sie sich dem Fluss Ihrer überschießenden Spiritualität ganz entspannt hingeben können.

Die Aufhebung der Trennung

Anderen zu verzeihen ist keine moralische Angelegenheit, bei der es um Großzügigkeit, Operbereitschaft oder Großherzigkeit geht, sondern eher ein wunderbares, bedeutendes Geschenk, das Sie sich selbst machen. Verzeihen zu können setzt den Verzicht auf jegliche Bewertung voraus, und dadurch werden Sie in die Lage versetzt, die Trennung aufzugeben. Sie meinen vielleicht, bei Bewertungen ginge es um andere; in Wirklichkeit aber sind sie immer gegen das eigene Ich gerichtet, denn im Land der Spiritualität sind wir alle mit dem einen Selbst verbunden, und es gibt eigentlich keine »anderen«. »Anders« ist nur die Wahrnehmung des Egos, die Selbsttäuschung eines abgetrennten, isolierten Ichs. Der Beurteilung anderer liegt allein das Gefühl zugrunde, man sei es nicht wert, mit ihnen vereint zu sein. Für unser Ego ist die Illusion der Trennung, an der es festhält, nur ein Mittel, um die schuldbeladene Vorstellung, wir seien von der Quelle abgeschnitten, zu bestätigen.

In Wirklichkeit haben wir bereits bei der Zeugung alles mitbekommen, was wir je benötigen oder uns wünschen können. Wenn Sie vergeben, also den Irrglauben des Getrenntseins aufgeben, löst sich Ihre Identität von den sehr beschränkten Annahmen Ihres Egos und führt Sie in die Ganzheit – und die Heiligkeit – des spirituellen Lebens zurück. Wenn Sie sich als spirituelles Wesen annehmen, werden Sie spüren, dass Sie im Einklang und eins sind mit der ganzen Schöpfung – aber auch mit den Idealen, die zuvor so ungreifbar schienen: wahre Liebe, Freude, Wohlstand, Kreativität und Frieden.

Je mehr wir uns die Fehlwahrnehmung vergeben – sie aufgeben –, wir seien vereinzelte, isolierte Egos, desto leichter wird der Zugang zur Fülle des spirituellen Lebens. Abzuschätzen, wie viel man von all dem hat, was man sich vom Leben ersehnt, kann helfen, Blockaden zu erkennen und herauszufinden, wie gut es einem tun würde, sich selbst gegenüber versöhnlicher zu sein.

Eine Fallstudie

Eine besonders eindeutige Messlatte für unser Selbstwertgefühl sind die Beziehungen, die wir haben. Ich möchte Ihnen von Carol, einer außergewöhnlich erfolgreichen Geschäftsfrau, erzählen, die den Archetyp des Retters angenommen hat, von dem im zweiten Kapitel die Rede war. Carol hatte es sich zur Angewohnheit gemacht, Männer zu »retten«, insbesondere solche, die es nie länger bei einem Arbeitgeber aushielten. Da sie sich für Mutter Teresa hielt, paukte sie die Typen immer wieder heraus, sowohl finanziell als auch emotional. Dieses Verhaltensmuster laugte aber nicht nur Carols Bankkonto aus, sondern allmählich auch sie selbst. Als sie es von einer höheren Warte aus betrachtete, erkannte sie schließlich, dass sie sich wiederholt Männer ausgesucht hatte, die sie gängeln konnte. Sie war überzeugt, ihre Beziehungen kontrollieren zu müssen, weil sie wie ein Ventil agierte, das die vermeintliche Knappheit regulierte, die ein eingeschränktes Selbstwertgefühl ihr suggerierte.

Carol hielt alle ihre Männer aus. Und die nahmen sie bald für ganz selbstverständlich und sahen nie, dass sie etwas Besonderes, ganz Tolles war. Diese Beziehungen beruhten auf falschen Ego-Wahrnehmungen, sodass Carol und ihre Männer nie eine Chance hatten, spirituell zusammenzukommen. Carol gab immer, gab, gab, gab und erhielt nie etwas zurück – abgesehen von den unbezahlten Rechnungen, den Schulden und ständigen Bedürfnissen ihrer Partner.

Dieses Muster herrschte auch in ihrer letzten Beziehung, der zu David. David hatte nicht den blassesten Schimmer von dem spirituellen Wesen, das Carol in Wirklichkeit war, und Carol, der es nicht viel anders ging, war geradezu besessen von der Idee, ihn kontrollieren zu müssen. Im Gegensatz zu einer gesunden, ausgewogenen Partnerschaft, die zwischen Liebe und Unterstützung dahinfließt, beruhte diese auf verworrenen bedürftigen Selbsttäuschungen. Carol verschaffte David ein schönes Leben – Reisen, Garderobe, Geschenke, Aufmerksamkeit –, eigentlich ging es ihr aber nur darum, ihn klein zu halten. Die Wahrheit war: Sie musste ihn beherrschen, um ihren eigenen vermeintlichen Mangel zu kompensieren. In ihrer verdrehten Logik war mit ihr alles in Ordnung, solange nur David ihr Partner blieb. In Wirklichkeit aber stehen Kontrolle und Herrschaft jeglicher Heilung entgegen. Carols Selbsttäuschung, die sie stark einschränkte, konnte nur durch Versöhnung aufgelöst werden.

David war genauso weit von der Wahrheit entfernt. Auch er operierte aus den engen Grenzen seines Verstandes heraus, hielt einen Teil von sich zurück und verteidigte seine Illusion der Knappheit. Er konnte Carols Großartigkeit nicht anerkennen, hätte das in seinem Wahn doch bedeutet, selbst an Größe einzubüßen. In seiner verdrehten Logik hätte Carol ihn verlassen und wäre zu einem Mann gegangen, der ihrer

Liebe würdiger war, wenn er ihr gesagt hätte, wie toll er sie fand. Davids Irrglaube bestand darin zu meinen, es gäbe nie genug, insbesondere nie genug Geld oder Beistand. Da er nicht spirituell lebte und vom Fluss der Universellen Quelle abgeschnitten war, hatte er keine wirkliche Macht, sondern versuchte ständig, anderen ihre Kraft abzusaugen, um sich anzulehnen oder zu sanieren. Es suchte das Unmögliche.

Eines Tages erlebte Carol etwas Ungewöhnliches. Sie hatte ernsthafte Probleme mit David. Sie stritten sich. Er trank, nahm Drogen, beschimpfte sie. Carol blieb bei ihm, weil sie immer noch dachte, sie könne ihn kontrollieren. Wenn sie sich um seine Bedürfnisse kümmerte, meinte sie, würde er sie schon lieben, und aus dieser Liebe könnte sie größeren Selbstwert schöpfen. Das war Carols Wahnvorstellung: dass äußere Umstände ihr ein bleibendes Selbstwertgefühl geben könnten.

Die beiden wohnten zusammen. Nach der Arbeit ging Carol oft noch mit Freunden aus, um nicht mit David allein zu Hause sein zu müssen. An diesem speziellen Abend war auch ein Mann namens John zugegen. Carol war so fasziniert von ihm, dass sie kaum ein Wort herausbekam. Um was für eine unwiderstehliche Energie es sich dabei handelte? Es war die Begegnung zweier Seelen. John bat Carol um ihre Telefonnummer, aber zunächst zögerte sie. Die Beziehung mit David war der reine Albtraum, sie brauchte dringend etwas anderes. In diesem Moment traf sie die Entscheidung, sich der Anziehungskraft, die von John ausging, nicht zu entziehen, und gab ihm ihre Nummer. Das war der Moment der Heilung: Carol gab die Kontrolle auf. Indem sie auf ihre Intuition hörte und entsprechend handelte, gab sie ihre Trennung von einem spirituellen Leben auf. Sie vergab sich. Unmittelbar darauf erhielt sie die Botschaft, dass John ihr Seelenpartner, ihr Freund und später auch ihr Ehemann sein würde. Als Carol ihn eine Woche später auf einen Kaffee traf, herrschte eine Energie zwischen den beiden, wie sie es nie zuvor erlebt hatte. Das war die Wahrheit, und sie entfaltete sich unmittelbar vor ihren Augen.

Sich Selbsttäuschungen verzeihen

»Wahrheit«, besagt ein altes Sprichwort, »macht frei«. Es trifft den Nagel genau auf den Kopf. Indem Sie sich Ihre Selbsttäuschungen der Entfremdung und des Mangels vergeben, befreien Sie sich aus Ihrer falschen Identität und verbinden sich wieder mit den unermesslichen Ressourcen der Spiritualität. Das ist die wahre Freiheit – von Knappheit, Zwängen, allen Formen falscher Bescheidenheit. Nichts, was Sie jemals gewesen sind oder getan haben, ist unverzeihlich. Indem Sie diese Wahrheit akzeptieren und wahrhaft leben, was Sie in diesem Moment sind, findet eine Neuausrichtung statt – Heilung. Dann schnappt innerlich etwas ein, und Sie kehren zu Ihrer spirituellen Identität zurück. In Wirklichkeit, stellen Sie fest, haben Sie schon die ganze Zeit über spirituell gelebt. Aber jetzt ist der Schleier Ihrer Selbsttäuschung gelüftet. Plötzlich hat alles seinen richtigen Platz. Sie sind im Zustand der Gnade. Das Leben, das Sie sich wünschen, liegt direkt vor Ihnen.

Carol ließ sich vom Hoch ihrer wahren Verbindung zu John treiben. Er wusste sie zu schätzen, überschüttete sie mit Aufmerksamkeiten, schickte ihr Blumen zum Geburtstag und schenkte ihr einen silbernen Schlüsselring. Auf dem Grußkärtchen dazu standen die Worte »Feiere dein Leben«. David blieben diese Geschenke natürlich nicht verborgen, und vor lauter Angst, Carol könnte ihn verlassen, geriet er in Panik. Er versprach ihr, sich zu ändern, er wollte sich in therapeutische Behandlung begeben und etwas gegen seinen Drogenkonsum unternehmen. All diese Versprechungen hatten ihren Ursprung aber nicht in Wahrheit oder Liebe, sondern in Verlustangst, der Angst, er könnte verarmen. Carol, immer noch ganz Retter, gab sich erneut der Selbsttäuschung hin, denn ganz war sie immer noch nicht bereit, die Kontrolle aufzugeben. Ein weiteres Mal investierte sie in den Fehler, sich für unwürdig zu halten – sie hatte das Gefühl, im Moment dürfe sie nicht in Wahrhaftigkeit mit John zusammen sein. Stattdessen entschied sie sich für die Hoffnung, mit David würde sich alles wieder einrenken.

Nur wenige von uns sehen sich wirklich in der Gegenwart. Wir hoffen auf die Zukunft, fürchten künftige Fehler. Wir schwelgen in früheren Leistungen und suhlen uns in alten Enttäuschungen. Den gegenwärtigen Augenblick vermeiden wir. Dabei ist er doch die einzige Chance, die wir haben, zu entscheiden, wer wir sein und was wir erreichen wollen. Unser ganzes Schwelgen und Suhlen in der Vergangenheit, aber auch die Vorfreude auf die Zukunft sind nichts als Urteile gegen die Person, die wir meinen, heute zu sein. Wir reden uns ein: »Künftig wird es mir besser gehen« oder »Bisher habe ich so schlechte Leistungen erbracht, ich tauge einfach zu nichts«. Das ist ein Spiel, das wir spielen, eine Selbsttäuschung, der wir uns hingeben, ein Traum, den wir träumen, um unsere Trennung von der Spiritualität aufrechtzuerhalten. Weshalb aber tun wir das? Weil wir nicht bewusst leben. Weil wir uns mit unserem winzigen Einzelverstand identifizieren statt mit dem grenzenlosen Geist. Warum? Weil wir unsere Ganzheit vergessen haben und dem Traum, der Selbsttäuschung, dem Irrglauben unseres Abgetrenntseins anhängen. Das Ego kämpft um die Vorherrschaft über unser Leben, indem es diese Illusion der Trennung durch ständige Bewertungen und Schuldgefühle bestärkt. Nur Vergebung führt uns zur Wahrheit zurück.

Als Carol John mitteilte, sie wolle es noch einmal mit David versuchen, ließ er sie in Liebe gehen und wünschte ihr alles Gute. John führte bereits ein Leben in Spiritualität und Wahrheit. Er vertraute darauf, dass ihn das Universum in seiner Fülle mit allem versorgen würde, was er brauchte. Wenn Carol denn tatsächlich mit David zusammen sein musste, akzeptierte er es eben.

Wahrheit ermöglicht Nähe, authentische spirituelle Vereinigung. Wir sehnen uns nach Intimität, können sie aber genau dort nicht leben, wo allein sie möglich ist: im Hier und Jetzt. Carol hielt an ihrer Selbsttäuschung über sich und David fest; sie klebte an der Projektion, die Zukunft würde ihr Erfüllung bringen, wenn sie jetzt nur durchhielte. John ließ sie in Liebe gehen. Voller Zuneigung akzeptierte er nicht nur sie selbst, sondern auch ihre Entscheidung.

Bald darauf fiel David in seine alten Verhaltensweisen zurück. Er war unfähig, die Wahrheit zu sagen, konnte Carol nicht in Liebe begegnen. Nachdem sie aber mit John an ihrer Seite schon einmal eine Zeit lang spirituell gelebt hatte, wurde ihr schnell klar, dass sie auf die Wahrheit nicht verzichten konnte. Und sie musste auch selbst ihre Wahrheit leben. Also entschied sie sich für Offenheit, Ehrlichkeit und Vertrauen. Sie bat David auszuziehen, und bald hatte sich ihr Leben vollkommen verändert. Sie und John wurden Seelenpartner. Die Wahrheit brachte ihnen höchste, grenzenlose Freude. Heute sind sie verheiratet, und ihre Liebe ist immer noch ein Geben und Nehmen in der Harmonie einer zugewandten, ausgewogenen spirituellen Partnerschaft.

Die aufrichtige Wahrheit

Die Wahrheit verschafft uns Zugang zu allen Gaben der Schöpfung – und zwar genau in diesem Moment. Wir sehnen uns nach Wohlstand (womit ich die Fülle all dessen meine, was gut ist), solange wir aber nicht eins sind mit der Wahrheit, hält uns unser beschränkter Verstand für unwürdig und isoliert. Wenn unser eifersüchtiger, isolierter Verstand Menschen beurteilt, die wir als wohlhabend empfinden, distanzieren wir uns nicht nur von ihnen, sondern auch vom Wohlstand selbst, der im spirituellen Leben doch auch unser Geburtsrecht ist. Unsere Wahrheit zu akzeptieren ist das Tor zu einem Leben, wie wir es uns wünschen.

Die aufrichtige Wahrheit lautet: Sie haben bereits alles, was Sie im Augenblick brauchen. Für Carol war der Moment der Heilung gekommen, als sie darauf vertraute, dass John ihr gut tun würde. Der Trick besteht darin zu erkennen, dass Sie nicht das sind, was Ihnen Ihr beschränktes Ego suggeriert. In der Klarheit mit John erkannte Carol, dass sie nicht darauf angewiesen war, Männer zu kontrollieren, um eine Liebesbeziehung haben zu können. Ihr wurde bewusst, dass sie nicht so war, wie sie gedacht hatte. Dank Johns Klarheit wurde sie von ihrer eigenen Spiritualität eingeholt und kam zu der Überzeugung, dass sie loslassen und vertrauen durfte. Nach dieser Kapitulation konnte sie die wahre Liebe erleben.

Denken Sie daran: Nichts, was Sie jemals gewesen sind oder getan haben, ist unverzeihlich. Carol hielt sich für einsam, bedürftig, sehnsüchtig und unwürdig. Diese Einschätzung ihrer Identität war ein Irrtum. Ein Fehler, mehr nicht. Ein Fehler, wie ihn auch ein dreijähriges Kind macht. Und alle Fehler lassen sich korrigieren.

Haben auch Sie den Fehler gemacht, sich mit Ihrem beschränkten Verstand, Ihrem auf Selbstschutz bedachten Ego außerhalb der Spiritualität zu identifizieren? Sind Sie bereit zu akzeptieren, dass das ein Fehler war, können Sie ihn sich verzeihen und Ihr wahres spirituelles Ich annehmen? Sie sind nicht so, wie Sie dachten. In Wirklichkeit sind Sie ein spirituelles Wesen. Sie sind Mensch gewordene Spiritualität, Spiritualität unter den einzigartigen, außergewöhnlichen Bedingungen Ihres ganz speziellen Menschenlebens. Wenn Sie vergeben, Ihre Selbsttäuschungen ablegen und diese Wahrheit jetzt sofort und immerdar akzeptieren, werden Sie eins mit allen Ihren Wünschen. Dann empfinden Sie keinen Mangel mehr. Dann werden Sie spüren, wie Sie sich entspannen. Indem Sie sich mit der Wahrheit verbinden, was immer auch geschehen mag, erfahren Sie Erfüllung im Fluss der Spiritualität.

Es ist noch gar nicht so lange her, da befand ich mich beruflich in einer sehr schwierigen Situation. Das kam mir damals ganz normal vor, denn ich kannte es nicht anders und wäre nie auf die Idee gekommen, dass ich etwas Besseres verdient haben könnte. Ich hatte mich verloren, beruflich, aber auch insgesamt.

Ähnlich wie Carol hatte ich im Verhältnis zu meinem Chef die Rolle des Retters übernommen, was ich zu der Zeit als edel, großzügig und gut empfand. Wenn diese Rolle für Mutter Teresa geeignet war, konnte sie ja wohl auch für mich nicht schlecht sein. Ich unterlag der Selbsttäuschung, es wäre ein äußerst edelmütiger Beitrag, mich so um meinen Arbeitgeber zu kümmern. Ich sorgte dafür, dass er immer gut dastand, ergriff die Initiative, erledigte die ganze Arbeit und brach mir einen ab, um ihm alles recht zu machen. Anerkennung bekam ich nie. Insgeheim hatte ich schon das Gefühl, dass etwas nicht stimmte, redete mir aber ein, die Lösung bestünde darin, mich noch mehr anzustrengen, noch selbstloser zu sein, mich noch mehr um meinen Chef zu kümmern, insgesamt ein noch größerer Retter und rundum Everybody's Darling zu werden. In Wirklichkeit war ich weder großzügig noch rücksichtsvoll. Ich war ein ängstlicher Kontrollfreak. Ich schuftete immer härter, um meine unbewusste Annahme Lügen zu strafen, ich hätte diesen Job eigentlich gar nicht verdient, operierte aber immer noch von dieser Annahme aus. Meine gesamte Energie steckte ich in das schwarze Loch einer unwahrscheinlichen Bedürftigkeit.

Ich musste viel einstecken, bevor mir endlich klar wurde, dass mein Chef ein Drogenproblem hatte. Wenn ich morgens zur Arbeit ging, wusste ich nie, was mich erwartete. Sachen verschwanden, kamen ins Pfandhaus, um Geld für die nächsten Drogen locker zu machen. Wenn ich es wagte, eine Frage zu stellen, gab es eine Riesenszene, als wäre alles meine Schuld. Dabei wollte ich doch nur helfen! Ich redete mir ein, es würde schon alles gut; ich müsste ihm nur mehr beistehen, ihn intensiver unterstützen – mein Chef brauchte mich schließlich. Ich war erschöpft, fühlte mich total hohl und leer. Ich begann wie verrückt zu essen und legte innerhalb kürzester Zeit dreißig Kilo zu. Es war einfach schrecklich. Ich musste etwas unternehmen, hatte aber nicht die geringste Ahnung, was. Dann hörte ich von einer hoch qualifizierten Schwimmmannschaft. Schon als Junge war ich Wettkampfschwimmer gewesen. Das Wasser und die Kameradschaft im Verein hatten immer sehr zu meinem Ausgleich beigetragen. Ich schloss mich der Mannschaft an, verbrachte immer mehr Zeit mit den Sportsfreunden und fuhr mindestens zweimal im Monat zu irgendwelchen Veranstaltungen. Meine Gesundheit verbesserte sich, nicht nur körperlich durch die viele Bewegung, sondern auch seelisch. Je mehr ich in die positive Energie eintauchte, die von meinen Sportskameraden ausging, desto deutlicher wurde mir, dass mir meine berufliche Situation nicht gut tat.

Wenn man sich mit neuen Leuten umgibt, verändert sich auch die eigene Energie. *Wenn man der Wahrheit nahe sein will, setzt das voraus, dass man die Wahrheit lebt.* Ganz allmählich begann ich darauf zu vertrauen, dass es schon richtig wäre, wenn ich den Job kündigte. Ich fuhr zu einer nationalen Schwimmmeisterschaft nach Indiana und brach zwei Weltrekorde! Als ich nach diesem enormen persönlichen High nach Hause kam und ins Büro ging, stellte ich fest, dass fast die gesamte Infrastruktur weg war – Faxgerät, Computer, Videorekorder etc. Mein Chef hatte alles versetzt. Das war das Ende. Ich ging.

Dann begann ich mit Yoga und wurde klarer im Kopf. Beim geistigen Großreinemachen erkannte ich, dass nicht nur mein Chef das Problem war, sondern auch die Tatsache, dass ich immer versucht hatte, die Lage unter Kontrolle zu halten. In Wirklichkeit hatte ich ständig das Gefühl, ich würde nicht genügen, wäre nicht gut, kompetent, klug, umsichtig genug für ein gesundes berufliches Umfeld. Ich hielt mich immer noch für ein isoliertes Ego, abgetrennt von der Quelle. Aufgrund dieser Isolation fühlte ich mich wertlos und unwürdig, als hätte ich keine Fürsorge, keine Wertschätzung, keinen Wohlstand verdient.

Die Wahl

Heute weiß ich, dass jede Lebenssituation, egal ob gut oder schlecht, eine einzigartige Gelegenheit ist, sich selbst zu erkennen und sein Bewusstsein zu entwickeln. Jede Erfahrung birgt die Chance, sich für ein spirituelles Leben zu entscheiden. So schlecht es mir beruflich auch ging, ich bekam die Gelegenheit, meine gestörte Selbstwahrnehmung aufzudecken. Insofern war dieser schwierige, unbefriedigende Job geradezu ein Geschenk. Er machte mir alle falschen Annahmen bewusst, die ich über mich hegte, alle Selbsttäuschungen, denen ich aufgesessen war. Ich hatte mich selbst an der Nase herumgeführt, indem ich davon ausging, es würde mein Selbstwertgefühl steigern, wenn ich den großen Kümmerer spielte. Ich hatte so getan, als ginge es um Großzügigkeit und Rücksichtnahme, dabei hatte ich in Wirklichkeit einen Mechanismus entwickelt, der mir das Gefühl geben sollte, ich würde gebraucht und wäre daher all der Dinge würdig, die ich mir wünschte. In Wahrheit bin ich das natürlich alles wert. Jeder von uns ist es. Spirituell ist es unser natürliches Geburtsrecht. Wir sind es wert, ein gesundes Arbeitsumfeld zu haben. Wir sind es wert, in uns selbst zu investieren. Wir haben es verdient, dass wir uns wohl fühlen, und sind es wert, alles zu tun, was dazu führt, dass wir uns wohl fühlen. Woher ich das weiß? Ich vertraue. Ich höre nicht auf meinen Verstand, sondern auf mein Herz, auf mein spirituelles Ich und nicht auf mein Ego. Ich weiß, dass mein ganzer Schmerz, all meine Kompromisse der irrigen Überzeugung entstammten, ich sei ein isoliertes, unwürdiges Menschenwesen.

Wie wir diesen Irrglauben abstellen können? Durch Vergebung. Nichts, was wir jemals gewesen sind und getan haben, ist unverzeihlich. Ich vergab mir diesen meinen Irrglauben – gab ihn auf – und verhielt mich dann so, als wäre ich eins mit dem Großen Geist. Ich erschuf mir ein neues Bild von meiner Wirklichkeit, ließ das abgetrennte Kümmerer-Ich hinter mir, das sich des Flusses der Fülle unwürdig fühlte. Stattdessen entschied ich mich für ein neues Ich im Einklang mit der Universellen Quelle, mit dem Anrecht auf die grenzenlosen Liebesgaben der Schöpfung.

Wenn wir in der Wahrheit leben, im höheren Bewusstsein, dann verändern sich unsere Wünsche und auch die

Beziehung, die wir zu ihnen haben. Spirituell können wir darauf vertrauen, dass unsere Wünsche gesund und ehrenwert sind. Da gibt es keinen Konkurrenzwahn, der mir sagt, meine Bedürfnisse könnten nur auf Kosten anderer befriedigt werden. Da müssen wir uns nicht auf Kompromisse einlassen, die nur unsere vermeintliche Wertlosigkeit widerspiegeln. Wir haben das Recht, uns unsere wahren Wünsche unmittelbar zu erfüllen, mit Liebe und ohne das Schuldgefühl, unser Gewinn sei der Verlust eines anderen. Indem wir jede Gelegenheit wahrnehmen, unser wahres Ich zu leben, ehren wir das Eine Wahre Selbst. Wenn ich spirituell lebe, im Einklang mit dem Ganzen, weiß ich, dass meine wahren Bedürfnisse nicht auf Kosten anderer befriedigt werden. Denn in Wirklichkeit gibt es überhaupt keinen Mangel, keine Knappheit. Mein Gewinn ist auch Ihr Gewinn. Ihr Gewinn ist auch mein Gewinn, denn in Wahrheit sind wir alle eins. In dieser Wahrheit bringen wir in alle Verhältnisse, Beziehungen und Unternehmungen ein völlig anderes Ich ein. Wir verteidigen nicht länger unser Getrenntsein, sondern alle Entscheidungen, die wir treffen, sind auf Einheit ausgerichtet. Das Ergebnis ist die äußerst zufriedenstellende Erfahrung des Flusses. Das ist das Wesen der Spiritualität.

Die Veränderung

Beim Übergang in das höhere Bewusstsein des Herzzentrums fühlen sich viele von uns hin und her gerissen. Ego und Verstand, die sich rühmen dürfen, uns bis hierher sicher über die Runden gebracht zu haben, sehen sich jetzt mit der schwierigen Aufgabe konfrontiert, loszulassen und darauf zu vertrauen, dass wir auch in der Obhut der Spiritualität sicher sein werden. Weil es seiner Natur entspricht und es selbst gern in die Offensive geht, sieht unser Ego in der Welt einen außerordentlich gefährlichen Ort, der ständige Verteidigungsbereitschaft und Wachsamkeit erfordert. Das Ego traut unserem spirituellen Ich nicht zu, dass es sich erfolgreich zur Wehr setzen kann, denn die ganze Idee der Spiritualität ist ihm zutiefst suspekt. Das Ego ist per se etwas von der Spiritualität – und der Wahrheit – Getrenntes.

Wir wohnen gerade einer großen Veränderung des menschlichen Bewusstseins bei. Die gesamte Menschheit tritt aus der Dunkelheit heraus und in das Licht der Spiritualität ein. Tausende von Jahren lebten die Menschen in ihrem defensiven Ego, getrennt vom Großen Geist, getrennt von der Wahrheit. Allmählich dämmert uns, dass wir in Wirklichkeit alle spirituelle Wesen sind, ja, *ein* spirituelles Wesen. Die Spiritualität ist unsere Heimat. Das Ego wird das aber nie akzeptieren; es ist von Natur aus ein losgelöster Verteidigungsmechanismus und als solcher zu Vertrauen nicht in der Lage. Wollen wir uns weiterhin mit ihm identifizieren, wie wir es aus Gewohnheit traditionell getan haben, oder hören wir auf den Weckruf und akzeptieren unser wahres spirituelles Ich? Das ist der große Kampf unserer Epoche. Wollen wir spirituell leben oder an der Selbsttäuschung festhalten? Unsere Reise ins Land der Spiritualität führt unweigerlich zu unserer Transzendenz, denn die Wahrheit trägt immer den Sieg über die Selbsttäuschung davon. Dass etwas unvermeidlich ist, heißt aber noch lange nicht, dass wir es uns auch leicht machen.

Ich habe eine Klientin, Sarah, die sehr spirituell ist, Yogalehrerin, liebende Partnerin und liebevolle Mutter zweier kleiner Schulkinder. Kürzlich beschloss sie, ihre Kinder wären jetzt alt genug, dass sie wieder ganztags arbeiten gehen könnte. Obwohl sie vorher nie pädagogisch tätig gewesen war, fühlte sie sich berufen, Erzieherin zu werden, denn sie hatte das Gefühl, die kleinen Kinder von heute, deren Familien mit diesem Übergang zur Vorherrschaft von Herz und Geist zu kämpfen haben, würden nach ihr als Reisebegleiterin verlangen. Sarah war und ist fest davon überzeugt, dass die Kinder als spirituelle Wesen ermutigt und unterstützt werden müssen.

Sarah ist zwar hoch kompetent, hatte aber noch nie kleine Kinder unterrichtet, von den eigenen abgesehen. Da sie im Dienst des Großen Geistes arbeiten wollte, folgte sie einfach ihrer inneren Stimme, die ihr sagte, sie solle Erzieherin werden, das sei im Moment ihre Bestimmung. Sie bewarb sich als Assistentin an zwei verschiedenen städtischen Vorschulen und bekam prompt von beiden eine Leitungsfunktion angeboten. Für Sarah war das eine Überraschung, die ihr zwar schmeichelte, sie zugleich aber auch etwas überwältigte. Sie hatte sehr wenig Erfahrung und auch nur ein Mindestmaß an Ausbildung, aber in einem spirituellen Leben geschehen nun einmal Wunder. Wenn Sie sich Ihrer Spiritualität überantworten, kann sich Ihr Leben sofort und radikal ändern. Sarah nahm schließlich eines der beiden Angebote an, weil die Verwaltung ihr versicherte, dass man sie dringend brauche, aber auch weil sie das Gefühl hatte, dass die Kleinen gerade in dieser speziellen Vorschule nach ihr verlangten.

Wenn wir uns bewusst mit unserem wahren spirituellen Wesen identifizieren, kann sich das Leben abrupt verändern. Das heißt aber nicht automatisch, dass auch das Ego gleich brav mitmacht. Sarahs Gruppe war sehr schwierig, und der Unterricht stellte ausgesprochen hohe Anforderungen an sie. Ihre Mitarbeiterinnen waren zwar besser ausgebildet und verfügten über mehr Erfahrung, hatten aber schon mit ihren eigenen Gruppen alle Hände voll zu tun. Infolgedessen sah sich Sarah als unerfahrene Erzieherin in einer außergewöhnlich schwierigen Situation ganz auf sich allein gestellt. Das brachte ihr Ego auf den Plan. Sie fing an, ihre Mitarbeiterinnen zu beurteilen, warf ihnen vor, sie würden sie nicht genügend unterstützen, die Vorschule hätte sich von allen Visionen verabschiedet und ohnehin wäre es ein Wahnsinn gewesen, die Stelle überhaupt angenommen zu haben. Sarah bekam plötzlich alle möglichen Zweifel an ihrer Kompetenz und spielte mit dem Gedanken, die Flinte ins Korn zu werfen. Mittags kam sie heulend nach Hause und hatte jeden Morgen Angst, zur Arbeit zu gehen, weil sie fürchtete, sie könne den Bedürfnissen der Kinder nicht gerecht werden.

Das ging über Monate so. Sarah wurde immer kaputter, ihre Erschöpfung wuchs, und sie steigerte sich immer mehr hinein. Als sie mich aufsuchte, um ihre Situation mit mir durchzusprechen, sah sie extrem müde aus, war blass und wirkte viel älter als sonst. Ihr ganzer Körper war angespannt. Der Stress hatte einen so hohen Preis gefordert, dass sie sagte, sie fühle sich, als müsste sie sterben.

Und Sarah war tatsächlich am Sterben. Sie erlebte den Todeskampf ihres Egos. Sie hatte sich in eine Lage gebracht, in der es für den Zwiespalt, ob sie ihr wahres spirituelles Ich leben wollte oder nicht, keinen Raum mehr gab. Ihrem Ego blieb absolut keine Chance, mit den Gegebenheiten umzugehen, die Liebe, Vertrauen, Kapitulation und jede spirituelle Unterstützung voraussetzten, die Sarah überhaupt nur erhalten konnte. Um überleben und die Bedürfnisse der kleinen spirituellen – und dabei äußerst temperamentvollen – Lebewesen befriedigen zu können, musste sie sich ihrem grenzenlosen Geist unterwerfen. Für sie fühlte sich das an wie der Tod ihres Egos. Mit Sicherheit aber war es das Ende seiner Vorherrschaft. In dem Maße, in dem sich Sarah immer noch mit ihrem Ego identifizierte, hatte sie das Gefühl, sterben – körperlich sterben – zu müssen. Und so weit hätte es durchaus kommen können. Ihr Ego wäre bereit gewesen, ihren Körper mit sich zu nehmen, bloß um die Kontrolle über ihren Geist nicht aufgeben zu müssen. Sarah war zwar nicht unmittelbar selbstmordgefährdet, aber sie fuhr wie der Henker, und beinahe wäre ihr einmal die ganze Küche in die Luft geflogen, weil sie das Gas anstellte, aber vergaß, die Flamme anzuzünden. Das höher entwickelte Bewusstsein gehört dem Reich des Geistes an, das unbewusste Subjekt aber unterliegt dem Ego – und Sarahs Ego war nicht so schnell bereit, sich zu unterwerfen.

Sarah und ich kennen uns schon lange, und zwischen uns besteht eine tiefe spirituelle Beziehung, sodass sie, wenn wir zusammen sind, ihrer spirituellen Identität sehr nahe kommt. Daher konnte sie auch erkennen, dass der Tod des Egos nur eine Selbsttäuschung ist. In Wahrheit ist das Ego selbst eine Illusion – es ist ein trügerisches Ich, unabhängig vom wahren spirituellen Wesen eines Menschen. Im Grunde ist selbst der Tod eine Illusion, denn der Geist stirbt nie. Unser Geist ist grenzenlos. In unseren Gesprächen konnte Sarah zu der Einsicht gelangen, dass sich Furcht und Angst – die Manipulationsinstrumente des Egos – der beruflichen Herausforderungen bedienten, um ihr Vertrauen in ihre wahre spirituelle Identität zu erschüttern. In der Verbindung unserer beiden Geister konnte sie ihr Einssein mit allen Dingen empfinden, die Wahrheit des spirituellen Lebens. Das ist Versöhnung – das natürliche Ergebnis eines vollkommenen Bekenntnisses zur Wahrheit.

Diese Versöhnung ermöglichte es Sarah, den Fehler abzustellen, auf ihr Ego zu hören, das ihr einflüsterte, sie sei inkompetent, eine Null, eine Blenderin, so dumm, dass sie doch tatsächlich glaubte, als Erzieherin arbeiten zu können. Spirituell kann sich Sarah uneingeschränkt für jede Hilfe öffnen, kann Beistand von ihrer inneren Führung und ihren Engeln sowie von der Führung und den Engeln ihrer Schutzbefohlenen annehmen und sich aus den grenzenlosen Ressourcen der Universellen Quelle bedienen. Spirituell lässt sie Wunder zu, ist sie nicht länger eine isolierte Frau vor einer isolierten Vorschulgruppe, die mit Hilfe von angelernten Techniken verzweifelt versucht, eine schwierige Situation zu meistern. Im Einklang mit der Wahrheit ist Sarah ein spirituelles Wesen, das durch die Quelle, ihr gemeinsames Zuhause, mit den spirituellen Wesen verbunden ist, aus denen ihre Vorschulgruppe besteht. Solange sie nicht von dieser wahren Identität als spirituelles Wesen abweicht, ist Sarah nicht von der Wahrheit getrennt, nicht von ihren Mitarbeiterinnen und den Kindern. Im Fluss ihrer eigenen Wahrheit verfügt sie über unbeschränkte Fähigkeiten, Kompetenzen und Unterstützung. Dieses spirituelle Wesen hatten die Kinder angerufen, ihre Lehrerin zu werden. Wenn sie ihnen auf dieser Ebene begegnet, hilft ihr das Bewusstsein des gesamten Universums, den Kindern genau das zu geben, was sie brauchen, und zwar genau auf die richtige Weise und zum rechten Zeitpunkt. Lässt sie sich dagegen hinreißen und verliert den Kontakt zu ihrer Spiritualität, dann wird jeder Moment zum Kampf, zu einer Herausforderung, der sie einsam ausgeliefert ist.

In Wahrheit sind wir nie allein. In Wahrheit haben wir immer die unfassbare, grenzenlose Unterstützung des gesamten Universums. Natürlich sind wir nicht alle Erzieherinnen wie Sarah; durch unser Vorbild aber lehren auch wir die Wahrheit. Unsere wahre Mission besteht darin, so zu leben, dass unser spirituelles Wesen immer durchscheint. Auf diese Weise werden wir zu Leitbildern für Harmonie, Frieden, Wohlstand, Fülle, Kompetenz, Vertrauen, Mitgefühl, Freude, Liebe und Licht. Indem wir uns als wahrhaft spirituelle Wesen annehmen, die auch spirituell leben, vergeben wir uns bereitwillig alle früheren Fehler und richten uns so aus, dass wir die spirituellen Gaben des Universums in Empfang nehmen können. Wir sind Brunnen der Quelle, und daher strömen diese Gaben durch uns hindurch, hin vielleicht zu unseren Kindern, wenn wir wie Sarah Pädagogen sind, und zu allen anderen, mit denen wir in Verbindung stehen.

Sobald wir benennen können, was wir uns wünschen, ist es wichtig, dass wir uns ganz genau anschauen, was uns im Weg stehen könnte. Halten wir noch an altem Ärger, an Ressentiments, Selbstbewertungen oder an den Urteilen anderer fest, an den Resten überholter Überzeugungen, die wir irgendwann einmal übernommen haben, aus denen wir aber längst herausgewachsen sind? Wir müssen unseren Ruhepol finden, die Wahrheit anrufen, um benennen zu können, was wir noch alles loslassen müssen. Dann sollten wir uns und den Menschen, die uns vielleicht von der Wahrheit fern gehalten haben, vergeben. Alles, jeder Aspekt Ihres Lebens, bedarf der Überprüfung. Wenn Ihnen etwas nicht nützt, wenn es der Person nicht dienlich ist, die Sie im Moment sein möchten, dann vergeben Sie sich Ihren Fehler, und lassen Sie ihn los. Für Sie ist das Allerbeste gerade gut genug. Symbolisch können Sie diesen Prozess anpacken, indem Sie sich zunächst Ihre Habseligkeiten und Ihre Umgebung einmal etwas genauer ansehen. Was ist denn da mit den ganzen Papieren auf Ihrem Schreibtisch? Schicken Sie sie raus, oder werfen Sie sie weg, sie belasten Sie nur. Und nehmen Sie gleich auch Ihren Kleiderschrank unter die Lupe. Verschenken Sie alles, was Sie ein halbes Jahr lang nicht getragen haben. Diese Klamotten müllen Sie doch nur zu, rauben Ihnen Platz, den Sie für neue Garderobe brauchen, mit der Sie besser zum Ausdruck bringen können, wer Sie heute sind. Alles, womit Sie sich umgeben, muss Ihrer besten Denkart entsprechen. Es soll Sie daran erinnern, wer Sie eigentlich sind – die Unendliche Spirituelle Quelle in menschlicher Gestalt.

Kompromisse sind weder edel noch demütig; auch das gehört zu der großen Selbsttäuschung, der nichts als Angst zugrunde liegt. Kompromisse sind Ihrer Spiritualität nicht dienlich, und genauso wenig nutzt es Ihren Lieben, wenn Sie unglücklich oder unzufrieden sind. Jeder Kompromiss macht Sie kleiner und hindert Ihre Spiritualität, frei durch Sie zu fließen. Es wird Zeit, sich das kleine Denken und das kleine Sein zu verzeihen und es sich abzuschminken. Vergeben Sie sich diesen Fehler, und vergessen Sie ihn dann.

Darin, wie man auf die Herausforderungen des Lebens reagiert und über sie denkt, besteht der wichtigste Schlüssel zu einer erfolgreichen Lebensführung. Zuerst müssen wir zurückgehen und das, was uns an unserer Vergangenheit nicht gefällt, zur Kenntnis nehmen und Vergebung an die Stelle der Selbstverdammung setzen. Die Muster für unser Leben haben wir selbst entworfen – also können wir sie auch annullieren. Dies geschieht durch Vergebung, dem dritten und äußerst wichtigen Schritt auf Ihrer Reise. Wir müssen zurückgehen und die Einzelteile neu zusammenfügen.

Übungen

Nutzen Sie die folgenden Fragen, um die Bereiche Ihres Lebens zu ermitteln, in denen Ihnen Vergebung gut tun könnte. Schreiben Sie die Antworten am besten in Ihr Notizbuch; das Aufschreiben bringt größere Klarheit und Einsicht.

1. Welchen Preis mussten Sie dafür zahlen, dass Sie beschlossen haben, sich nicht zu verzeihen?
2. Haben Sie etwas gewonnen, indem Sie jemanden oder auch sich selbst etwas nicht verziehen haben?
3. Warum können Sie sich eigentlich nicht verzeihen?
4. Was hält Sie davon ab, anderen zu verzeihen?

5. Welchen Preis müssen Sie dafür zahlen, dass Sie an Ressentiments und Zorn festhalten?
6. Wie wäre es wohl, wenn Sie ständig das Gefühl hätten, zu lieben und geliebt zu werden?
7. Was halten Sie von einer Liebesbeziehung mit sich und anderen?
8. Was bedeutet Ihnen das Wort »Liebe«?
9. Nun ist es Zeit für ein neues Leben, einen Neuanfang. Trennen Sie sich von allem überflüssigen Gepäck. Verzeihen Sie sich jetzt, lassen Sie los, und seien Sie bereit, Liebe zu empfangen.

Affirmationen

Bestätigen Sie mit Hilfe der folgenden Affirmationen die neue Wahrheit, die Sie für sich herausgefunden haben. Suchen Sie sich die aus, die am meisten in Ihnen widerhallen. Sagen Sie sie sich dann den ganzen Tag über wiederholt vor, oder schreiben Sie sie zwanzigmal auf, um ihre Wirkung zu verstärken.

1. Ich liebe mich.
2. Ich habe im Leben nur das Allerbeste verdient.
3. Ich verzeihe mir alles.
4. Meiner Mutter verzeihe ich alles.
5. Meinem Vater verzeihe ich alles.
6. Ich verzeihe mir, (Name) wehgetan zu haben, und ihn/sie nicht zu lieben.
7. Ich vergebe mir alle meine früheren Beziehungen und bin jetzt von ihnen befreit.

8. Ich bin Liebe.
9. In allen meinen Beziehungen herrscht Liebe.
10. Ich bin es wert, geliebt und geachtet zu werden.
11. Ich bin tüchtig und bereit, die Liebe zu leben.
12. Ich bin liebevoll und stark.
13. Ich gebe und empfange Liebe.
14. Ich bin es wert.
15. Täglich erwarte ich ein Wunder.
16. Ich gestatte mir jetzt eine wunderschöne Liebesbeziehung.

Stufe Zwei

Spirituelles Bewusstsein entfalten

4

Aktivieren Sie Ihre Entscheidungsfreude

In den vorangehenden Kapiteln haben wir uns mit einigen Übungen beschäftigt, die den Körper wachrütteln, beleben und stärken, den Geist zur Ruhe bringen und durch Vergebung und Selbstliebe das Herz heilen. In Kombination haben diese Übungen den Effekt, dass sie uns aus der Schläfrigkeit herausholen und in die höhere Bewusstheit des spirituellen Lebens führen, deren wir uns jetzt bedienen können, um das Leben zu wählen, das wir uns wünschen.

Wie wir bereits aus den ersten Kapiteln wissen, können wir uns entscheiden: Angst oder Liebe, Selbstwert oder das Gefühl der Wertlosigkeit, Kampf oder Wohlbefinden. Wir können uns unsere Partner aus pathologischen Gründen beziehungsweise Gewohnheit aussuchen oder weil wir genau wissen, was wir uns von Herzen wünschen. Wir können beschließen, uns selbst zu lieben – oder auch nicht.

Alles im Leben ist Entscheidungssache. *Alles.* Wenn man daran denkt, welche Tragödien viele von uns durchmachen, hört sich das vielleicht brutal an. Trotzdem ist es die Wahrheit. Zwei meiner liebsten Freunde haben ihr Baby bei einem schrecklichen Unfall im Kreißsaal verloren. Ihre Trauer war verheerend, unermesslich. Jenseits dieses sehr menschlichen Schmerzes wussten sie aber auch, dass das spirituelle Wesen, das ihr Kind war, diese Wahl getroffen hatte. Sie beschlossen, weder dem Krankenhaus oder den Ärzten noch sich selbst die Schuld zu geben, denn da sie spirituell lebten, begriffen sie, dass diese extrem kurze Inkarnation genau das Schicksal war, das sich ihr Kind ausgesucht hatte.

Im Leben dreht sich alles um Entscheidungen. Als spirituelle Wesen treffen wir bereits Entscheidungen, bevor wir ins irdische Leben eintreten. Gerade habe ich das Wort »Schicksal« gebraucht. Damit ist der Plan gemeint, den wir als spirituelles Wesen für dieses Leben aufstellen, bevor wir in das Vergessen der fleischlichen Inkarnation eintauchen. Jeder von uns kommt mit seinem eigenen Plan auf die Welt. Wir suchen uns alles selbst aus: Eltern, Brüder, Schwestern, unseren Platz in der Geschwisterreihenfolge, Rasse, Geschlecht, Nationalität und den sozioökonomischen Status. Wir planen unser Leben, um als spirituelles Wesen möglichst viel zu lernen und möglichst vielfältige Erfahrungen machen zu können, die unsere seelische Entwicklung befördern.

Entscheidungen treffen wir also schon seit sehr, sehr langer Zeit. Trotzdem mag es für viele von Ihnen neu sein, *bewusst* Entscheidungen zu treffen. Im zweiten Kapitel habe ich Sie mit verschiedenen Archetypen bekannt gemacht. Nun, Menschen, die einen solchen Typus vertreten, führen ihr Leben, als hätten sie keine andere Wahl. Der Angepasste zum Beispiel meint, er müsse anderen die Entscheidungsgewalt abtreten, was aber nur daran liegt, dass ihm nicht bewusst ist, dass er bereits zu einem sehr frühen Zeitpunkt die umfassende Entscheidung getroffen hat, als Angepasster zu agieren. Durch diese pauschale Festlegung verringert er die Anzahl kleinerer Entscheidungen, die er treffen muss – so, als hätte er damit gleich ein ganzes Paket vorgefertigter Entschlüsse erworben. Was aber sagt die Tatsache, dass so viele Leute lebende Archetypen sind statt vitale und hellwache Gestalter ihres Lebens, eigentlich über die Menschheit aus? Dass sich viel zu viele in ihrem Halbschlaf eingerichtet haben, dösig durchs Leben wandeln oder anderen die Entscheidungsgewalt abtreten. Dass sie noch nicht spirituell leben.

Neue Klienten frage ich immer: »Was wollen Sie?« Sehr, sehr viele antworten leider mit »Weiß nicht«. Wie aber kann man irgendetwas erwarten, wenn man nicht einmal weiß, was man sich wünscht? Trotzdem ist den wenigsten bewusst, was sie wollen. Sie schwanken zwischen verschiedenen Optionen hin und her, taumeln durch ihr Leben, ohne dass irgendetwas Nennenswertes passiert. Glücklich sind sie nicht, haben aber auch nie ernsthaft darüber nachgedacht, was sie tun könnten, um es zu werden. Wenn man nicht weiß, was man will, lässt man sich nur dahintreiben – genauso gut könnte man sich irgendein Segelboot mieten.

Im Restaurant fällt uns die Entscheidung, was wir bestellen wollen, doch auch nicht schwer. Wir lesen uns die Speisekarte durch, sagen dem Kellner, was wir gern hätten, dann lehnen wir uns zurück und vertrauen darauf, dass wir genau das bekommen, was wir geordert haben. Wenn Sie partout nicht wissen, was Sie wollen, haben Sie in einem Restaurant nichts zu suchen. Dann nehmen Sie dort nur unnötig Platz weg. An diesem einfachen Beispiel sieht man sofort, wie absurd so ein Gebaren ist. Viele Leute verhalten sich aber im wirklichen Leben genauso!

Ergebnisorientierung

Vergleichen Sie Ihr Ziel mit einer Schießscheibe. Ohne klar definiertes Ziel irren Sie ziellos umher und kommen nirgendwohin. Ein ganz präzises – und terminiertes – Ziel ist der einzige Weg von hier nach dort. Erinnern Sie sich noch, dass wir darüber gesprochen haben, wie wichtig es ist, Klamotten auszusortieren, die einem zu weit geworden sind? Wenn Sie sie nämlich aufheben, ist das eine Investition in das Ziel, wieder dick zu werden und Kartoffelsäcke zu tragen. Sie müssen bewusst eine Verbindung zwischen allen Ihren Handlungen und dem Ziel herstellen, das Sie anstreben. Gewöhnen Sie sich an, sich regelmäßig Fragen zu stellen wie: Dient das, was ich da gerade tue, dem Ziel, das ich erreichen möchte? Dieses Stück Schokokuchen? Meine Yogastunde? Diese Fernsehsendung? Ein Date mit dieser ganz speziellen Person?

Wir müssen zur Ruhe kommen, hinhören und uns ganz präzise Ziele setzen. Eine Sängerin könnte sich zum Beispiel sagen: »Ich nehme jetzt meine allerbeste CD auf, und mit der wird meine Karriere einen Riesenschritt vorwärts machen. Und das geschieht in einem Rutsch am Freitagnachmittag.« Oder: »Ich möchte genau das richtige Gewicht haben und mich gesund und attraktiv fühlen. Ich fange in diesem Moment damit an und esse von jetzt an nur noch solche Lebensmittel und so viel davon, dass es diesem Bild von meiner wahren Person entspricht.« Seien Sie ganz präzise. Sie gehen ja auch nicht in ein Restaurant und sagen: »Geben Sie mir was zu essen«, sondern bestellen eine gegrillte Aubergine, einen Toast mit roter Paprika sowie Kräuterfocaccia mit Basilikumaioli. Das Leben hält schon genug Überraschungen bereit. Die Verwirrung noch dadurch zu vergrößern, dass wir keine klaren Vorstellungen davon haben, was wir erreichen wollen, ist gar nicht nötig.

Vor etwa vier Monaten suchte mich ein Klient auf, den ich Michael nennen möchte. Michael war ein hoch qualifizierter Meeresbiologe, hatte sein Leben aber offenbar nicht so weit im Griff, dass es ihm auch gelang, einen adäquaten Job zu finden. Er trieb auf seinem Segelboot dahin, trank, war völlig am Trudeln. Mich suchte er nur aus einem einzigen Grund auf: Seine Freundin hatte angedroht, ihn zu verlassen, wenn er nicht endlich Fuß fasste. Ich sagte Michael, dass er Entscheidungen treffen müsse, die es ihm ermöglichten, der beste Meeresbiologe der Welt zu werden: »Sie müssen ganz nach oben. Sie müssen herausfinden, wer in der absoluten Top-Firma auf Ihrem Gebiet der Alleroberste ist. Und bei dem sprechen Sie dann vor.« Nun, Michael tat es und wurde abgewiesen; letzte Woche aber bekam er einen Anruf. Man hatte sich seinen Lebenslauf noch einmal angeschaut und wollte ihm jetzt doch eine Anstellung anbieten. Michael konnte es gar nicht fassen! Er hatte sein Leben in die Hand genommen.

Bevor er zu mir kam, hatte sich Michael einfach nicht entscheiden können; er war völlig festgefahren. Gemeinsam deckten wir auf, dass ihm die verinnerlichte Stimme seiner Eltern zum Verhängnis geworden war, die ihm immer wieder zuflüsterte, ohne ihre Hilfe würde er es nie zu etwas bringen. Michael war fest davon überzeugt, dass das auch stimmte, und tat alles, damit Mama und Papa zufrieden waren.

Das Ziel, das er unbewusst anstrebte, bestand darin, sicherzustellen, dass er nichts zuwege brachte. Indem er den Job als Meeresbiologe annahm, trat Michael endlich in seine ganze Machtvollkommenheit ein und brach mit seiner langjährigen dysfunktionalen Abhängigkeit von den Eltern.

Dadurch hat sich seine Beziehung zu ihnen ein für alle Mal radikal verändert. Wenn er seine Eltern das nächste Mal sieht, ist es an ihm, nicht wieder in sein altes Muster zurückzufallen. Was auch geschieht, er muss darauf vertrauen, dass er die Macht hat. Entscheiden sich die Eltern dann dafür, ihm böse zu sein, na gut. Das ist dann ihr Problem, nicht seins. Er kann sich nicht verhalten wie früher oder seinen neuen Job sabotieren, nur um es Mama und Papa recht zu machen. Für Leute, die nicht gewöhnt sind, an sich zu denken, ist das keine geringe Aufgabe, denn sie suchen immer nach Bestätigung. Sie müssen erkennen lernen, dass die Anerkennung, die sie sich selbst entgegenbringen, die einzige ist, die zählt. Um an sich denken zu können, ist es enorm hilfreich, wenn man beschließt, sich selbst zu lieben.

Nicht nachlassen

Michael und ich trainierten die Interaktion mit seinen Eltern. Er muss lernen, nur innerhalb ganz bestimmter Grenzen auf sie zuzugehen. Auf ihre Kritik muss er reagieren, indem er etwa sagt: »Wisst ihr, das mag euer Standpunkt sein. Ich weiß aber, dass ich für mich immer die richtigen Entscheidungen treffe. Und ich kriege auch immer genau die richtigen Jobs.« Auf diese Weise streitet er sich nicht mit seinen Eltern. Er versucht sie nicht zu verändern, kommt dann aber zu einem positiven Schluss, indem er zu seiner Wahl steht. So belebt er die übliche träge Energie und investiert seine Kraft in sein höheres Wohl. Das ist wie beim Aikido, einer Kampfkunst, bei der man die Kraft, die einem entgegengebracht wird, für seine eigenen Zwecke nutzt.

Es ist äußerst interessant zu beobachten, wie einen das Verhalten der Eltern beeinflusst. Als Kinder hatten Mutter und Vater eine so enorme Macht über uns, dass wir uns ihrer Autorität auch als Erwachsene noch sehr leicht beugen. Sie müssen immer bewusst und in Übereinstimmung mit Ihrer spirituellen Größe bleiben, damit Sie zielorientiert denken und entsprechend die richtige Wahl treffen können. Sie müssen zum Kanal der spirituellen Energie werden, um tagtäglich die richtigen Entscheidungen treffen zu können. Wenn Sie im Einklang mit der Spiritualität bleiben, wird das Universum Ihre Größe unterstützen und Ihnen grenzenlosen Wohlstand, unbegrenzte Chancen, schrankenlose Freiheit und unbeschränktes was auch immer Sie wollen bescheren.

Und wie schafft man es, im Einklang zu bleiben? Machen Sie die Übungen aus dem ersten Kapitel. Sehen Sie zu, dass Sie sich richtig ernähren und Sport treiben, damit Ihr Körper nicht wieder einschläft. Indem Sie meditieren und sich bewusst ausrichten, bleibt Ihr Denken bewusst. Verlieren Sie Ihr Ziel nicht aus den Augen, und halten Sie auch Ihr Herz wach, indem Sie sich im Verzeihen üben und sich immer wieder für sich entscheiden.

Stimmt, mitunter ist das gar nicht so einfach. An manchen Tagen fühlen wir uns schwach und überhaupt nicht in der Lage, uns zu lieben; manchmal geht es uns einfach schlecht. Die alten Muster haben sich so tief eingeprägt, dass es zuweilen enorm viel Energie kostet, im Einklang mit der Spiritualität zu bleiben. Viele dieser Muster stammen, wie auch bei Michael, schon aus der Kindheit. Und sie sitzen so tief, dass sie sogar in der Zellstruktur verankert sind. Als wir noch Kinder waren, waren unsere Eltern Götter. Wir hingen vollkommen von ihnen ab und gaben ihnen eine enorme Macht über uns. Unser schieres Überleben hing davon ab, dass wir unseren Eltern gefielen. Jetzt, als Erwachsene, sichern wir unser Überleben aber selbst, und es ist an der Zeit, dass wir uns von diesen Prämissen unabhängig machen.

Ein Wort an Eltern

Auf der anderen Seite dieser Eltern-Kind-Gleichung müssen wir uns natürlich auch der Macht bewusst sein, die wir über unsere Kinder haben, und äußerst verantwortungsvoll mit den Möglichkeiten umgehen, die uns als Eltern zur Verfügung stehen. Es ist von allergrößter Bedeutung, dass unsere Kinder täglich positive Bestätigung von uns erhalten. Wir sollten ihnen vermitteln, dass sie toll sind, viel Wertvolles beizutragen haben, dass sie in ihrem Leben der Star sind – und der Regisseur. Das fängt alles zu Hause an. Eltern: Sie müssen sich jeden Tag ein bis zwei Stunden Zeit nehmen, in denen Sie sich bewusst mit Ihrem Kind beschäftigen, damit es so viel Aufmerksamkeit erhält, dass es sich wie ein König oder eine Königin fühlen kann. Das heißt nicht, dass Sie Ihren Sohn oder Ihre Tochter mit Spielzeug überhäufen sollen. Was ein Kind braucht, sind intensiver Kontakt und Anerkennung. Sagen Sie Ihrem Sohn: »Weißt du, du bist ein toller Junge. Ich bin stolz auf dich und glücklich, dass ich dein Vater bin. Ich weiß, dass du alles kannst, was du dir vornimmst. Was möchtest du heute unternehmen?« Indem Sie dem Kind zunächst Anerkennung und aufrichtige positive Bestätigung zukommen und es dann eine Wahl treffen lassen, tragen Sie mit zu den Grundlagen seiner persönlichen Macht bei. Tag für Tag haben Eltern zahlreiche Gelegenheiten, zum Wohle ihrer Kinder die richtigen Entscheidungen zu treffen.

Indem sie ihre Aufgabe mit allergrößtem Bewusstsein angehen, bietet sich Eltern auch die einmalige, kostbare Chance, die Zukunft zu verbessern. Eine respektvolle, liebevolle Erziehung, die ein Kind in seiner Großartigkeit bestätigt, ermöglicht es den Kleinen, die eines Tages unsere Welt regieren werden, ambitionierteren Träumen nachzuhängen, als es Ihnen oder mir je möglich wäre. Erinnern Sie sich: Vor ihrer Inkarnation haben Ihre Kinder ihr Schicksal geplant. *Sie* haben sich Sie als Vater oder Mutter ausgesucht. Sie haben daran geglaubt, dass Sie in der Lage sein werden, sie so aufzuziehen, dass sie eine positive Zukunft aufbauen können. Eine höhere Ehre gibt es nicht, eine größere Verantwortung aber auch nicht. Doch es war ja auch Ihre Entscheidung; spirituell haben auch Sie sich dafür entschieden, diese Eltern-Kind-Beziehung einzugehen. Mit Ihrem Entschluss, sich zu lieben, erkennen Sie Ihre Großartigkeit an. Und Ihre Großartigkeit ist die Voraussetzung dafür, dass sich das Schicksal erfüllen kann, das Sie für sich geplant haben.

Träumen Sie Ihre Entscheidungen in die Wirklichkeit

Träume werden tatsächlich wahr. Zum Beispiel die meiner Klientin Annie. Als Kind lebte sie in einem anderen Land. Da sie keine Eltern hatte, wuchs sie im Waisenhaus auf. Sie träumte viel und schaute jede Nacht in den Sternenhimmel hinauf.

Eines Tages, sagte sie sich, würde sie in Amerika leben, sehr erfolgreich sein und ganz viel Geld haben. Davon war sie felsenfest überzeugt. Sie betete zu den Engeln und zu ihrer persönlichen inneren Führung, schaute zu den Sternen und wusste, dass es einen Weg für sie geben würde, auch wenn sie ihn noch nicht genau kannte. Die Nonnen machten sich schon über Annie lustig und sagten immer: »Ach, das sind doch alles nur Träume. Warum kommst du nicht mal auf den Boden der Tatsachen und überlegst, was du hier, in dieser Stadt, mit deinem Leben anfangen kannst?« Annie wusste aber, dass sie nicht in dieser Stadt bleiben würde. Fünfundzwanzig Jahre später hatte sie die Chance der Einbürgerung in die Vereinigten Staaten. Heute ist sie eine erfolgreiche Geschäftsfrau und unterstützt Kinder bei der Berufsausbildung. Sie organisiert Wohltätigkeitsveranstaltungen, bei denen Geldspenden gesammelt werden, die man dazu verwendet, Kinder auf die Arbeitswelt vorzubereiten. Annie lebt ihren Traum.

Wann immer Sie wollen, kann Ihr Leben beginnen. Sie können es jederzeit verändern – jede Minute, jede Stunde, jeden Tag, jede Woche, jeden Monat. Mit jedem Schritt, jedem Atemzug, den Sie machen, mit jedem Gedanken. Stellen Sie sich vor, Sie atmen mit vollem Bewusstsein. Jeder Atemzug ermöglicht Ihnen, Ihre aktuelle Wahl in die Tat umzusetzen. Stellen Sie sich vor, allen Ihren Bewegungen und Gedanken wohnte die Macht inne, die Wünsche zu erfüllen, für die Sie sich entschieden haben. Stellen Sie sich bloß die Kraft vor, die dieses konzentrierte Bewusstsein hervorbringen könnte.

So kreieren Sie Ihr Leben. Sie selbst erzeugen diese Kraft. Nur, solange Sie nicht bewusst genug sind, verpufft sie in alle Richtungen. Kreativ ist diese Kraft dann immer noch. Ohne Ihre wohl überlegte Konzentration aber wird eher Ihr unbewusstes Gedankenblabla bestärkt als Ihr bewusstes Denken. Ihre Aufgabe besteht jetzt darin, diese Kraft zu sammeln und sie auf Ihre klar definierten und konzentrierten Wünsche zu richten – auf das Ziel, das Sie anstreben.

Die Blockade der Angst

Zögerlichkeit und Unentschiedenheit sind Ausdruck von Ängsten, die sich aus früheren Enttäuschungen und Verletzungen ergeben. Wenn wir damit rechnen, dass sich die Vergangenheit wiederholt, wird genau das eintreten. Denn darin, dass wir es erwarten, drückt sich bereits unsere Entscheidung aus. Wir leben das Ziel. Wenn wir uns nicht auf die Veränderungen konzentrieren, die wir erreichen wollen, und nicht in der Lage sind, sie umzusetzen, wird der Status quo ewig der Status quo bleiben. Die Entscheidung liegt darin, dass wir nichts anderes bestellt haben. Es ist genau wie im Restaurant, wenn man aus lauter Gewohnheit »Wie immer« ordert, statt in die Speisekarte zu schauen und sich über die Tagesgerichte zu informieren. Angst lähmt und führt zu Stagnation. Wenn wir uns ständig fragen, ob wir es auch verdient haben und ob unsere Wünsche auch untadelig genug sind, kommen wir nicht weiter. Eines möchte ich Ihnen sagen: Wenn Sie Ihr volles Bewusstsein und Ihre Absicht – Ihre Achtsamkeit – auf Ihre Wünsche richten, können Sie ihnen absolut vertrauen.

Unsere wahren Wünsche sind Ausdruck unserer Spiritualität, die wiederum eine Verlängerung der Universellen Güte ist. Wer spirituell lebt, kann darauf vertrauen, dass seine Wünsche heilig und äußerst begrüßenswert sind. Wenn wir sie benennen und ihnen konzentriert, gezielt und achtsam nachgehen, dienen wir unserer wahren spirituellen Bestimmung, indem wir mehr Liebe, Güte, Glück und Fülle in die Welt bringen. Darin besteht der ganze Zweck unserer Inkarnation.

Entscheidung für die Liebe

Ich habe eine Klientin, die ich Dharma nennen möchte. Sie ist überdurchschnittlich bewusst und lebt weitestgehend spirituell. Sie kümmert sich achtsam und überlegt um ihren Körper, ihren Geist und ihre Emotionen. Sie kam mit dem Problem zu mir, dass sie sich außerordentlich von ihrem Kollegen Tim angezogen fühlte. Beide sind verheiratet.

Trotzdem musste sie immer wieder an ihn denken, träumte von ihm und tat alles, um bei der Arbeit möglichst oft in seiner Nähe zu sein. Wie sie erzählte, ging es dabei nicht in erster Linie um eine sexuelle Anziehung, auf Dauer sei aber auch das nicht auszuschließen. Dharma fand es ungewöhnlich, dass sie eigentlich nichts von Tim wollte. Es reichte ihr völlig, ihm etwas geben zu können. Sie übermittelte ihm liebevolle, positive Gedanken, unterstützte ihn bei der Arbeit, half ihm, alles zu bewältigen und Erfolg zu haben. Der ganze Mann interessierte sie sehr. Von mir wollte sie nun wissen, ob das wohl in Ordnung sei.

Wenn wir spirituell leben, haben wir im Vergleich zu unserer früheren Passivität und Schläfrigkeit enorme Kraft und große Fähigkeiten. Wir sind so bewusst, dass wir unsere spirituellen Verbündeten erkennen können. Manchmal beruht das auf Gegenseitigkeit. Es kann aber auch sein, dass der andere noch nicht so weit ist. Dann bekommen wir vielleicht das Bedürfnis oder empfinden sogar die Verantwortung, ihm beim Aufwachen zu helfen, genau wie ich es geradezu als meine Pflicht betrachte, Sie mit diesem Buch wachzurütteln. Wenn wir spirituell leben, ist uns unsere Befähigung zu unbedingter Liebe derart bewusst, dass wir gar nicht anders können, als anderen helfen zu wollen. Anfänglich konzentrieren wir uns dabei ganz auf die Menschen, die uns am nächsten stehen – Partner, Kinder, Eltern, Geschwister, enge Freunde. Je intensiver wir uns aber auf die Spiritualität einlassen, desto mehr weitet sich unsere bedingungslose Liebe auch auf den nächsten Kreis aus – den Bekanntenkreis oder die Kirchengemeinde, Kollegen, Nachbarn, die Eltern der Schulkameraden unserer Kinder.

So geht es Dharma mit ihrem Kollegen Tim. Sie liebt ihn ohne jede Bedingung. Ihre Fähigkeit zu dieser Liebe hat den engsten Kreis ihrer intimen persönlichen Beziehungen überschritten, und das begann mit Tim. Denn das, was sie für ihn empfindet, ist schlicht und ergreifend Liebe. Sie will nichts von ihm, auch fühlt sie sich sexuell nicht besonders zu ihm hingezogen, und mit ihrem Ehemann ist sie sehr glücklich. Sie liebt Tim – denn in dem Moment, in dem wir die Klarheit der Spiritualität erreicht haben, ist die Liebe unsere natürliche Reaktion auf andere. Da sie spirituell lebt, ist Dharma so frei, ihrer natürlichen Neigung folgen zu können, Tim zu lieben. Sie möchte ihn nicht als Geliebten, sie liebt ihn einfach.

Dharma kann sich nun entscheiden, ob Tim das erfahren soll oder lieber nicht. Nein, lassen Sie mich das noch einmal ein bisschen anders formulieren: Sie hat die Wahl, ob sie ihm sagt, dass sie ihn liebt, oder nicht. Spirituell weiß Tim längst, dass sie ihn liebt. Und Dharma kann nun entscheiden, ob sie ihre Liebe für ihn auf dieser Ebene belassen möchte. Zunächst mag sich das für Sie vielleicht komisch anhören, aber Dharma kann sich entscheiden, Tim zu lieben, ohne dass es persönlich gemeint ist. Damit will ich sagen: ohne dass seine Persönlichkeit einbezogen wird. Sie kann ihn einfach nur lieben und ihn weiterhin unterstützen, denn Liebe ist ihre natürliche Reaktion auf ihn als spirituellen Gefährten.

Für Dharma ist das eine sowohl spannende als auch verwirrende Erfahrung. Spannend, weil es ein gutes Gefühl ist, diesem spirituellen Gefährten ihr Herz öffnen zu können, ohne irgendeine Gegenleistung zu erwarten. Bedingungslose Liebe ist ein enorm befriedigendes Vermögen, das Menschen haben, die spirituell leben. Für Dharma ist die Ausweitung ihrer Liebe über ihren allerengsten Kreis hinaus etwas ganz Neues. Dabei wird es aber nicht bleiben, denn den ersten Schritt hat sie bereits getan. Dharma wird entdecken, dass alle ihre Interaktionen zunehmend von ihrer bedingungslosen Liebe gespeist werden. Denn je intensiver wir spirituell leben, desto weiter werden die konzentrischen Kreise unseres Lebens, in denen die Liebe herrscht.

Darin besteht auch der spirituelle Antrieb der großen Heiligen: der traditionellen wie dem Heiligen Franziskus, der seine Liebe sogar auf das Tierreich ausdehnte, aber auch der zeitgenössischen wie Mutter Teresa oder Mahatma Gandhi, deren bedingungslose Liebe weit über ihren persönlichen Kreis hinausging und ganz vielen Menschen diente. Sie alle – Dharma, der Heilige Franziskus, Mutter Teresa und Gandhi – sind Beispiele für Menschen, die den Entschluss gefasst haben, bewusst und reflektiert zu leben. Damit haben sie eine Sphäre betreten, in der sich die Selbsttäuschung der Isolation von anderen Menschen in nichts auflöst und die bedingungslose Liebe zum sozialen Tauschmittel wird.

Auch Sie haben beschlossen, sich auf den Weg zu machen. Bereits der Kauf dieses Buches markierte den Beginn Ihres spirituellen Lebens. Sie haben das Ziel, das Sie erreichen möchten, klar definiert und befinden sich in der ersprießlichen Gesellschaft vieler, vieler sehr kompetenter Menschen. Willkommen daheim.

Übungen, Teil eins

Diese Übungsreihe soll Ihnen helfen, bewusster zu werden, Sie aus der verschlafenen Selbsttäuschung in die Klarheit der Spiritualität befördern. Meditationen über diese Fragen halte ich für sehr nützlich. Sie können gut und gern ein paar Tage in Anspruch nehmen. Lassen Sie die Antworten aus der Tiefe Ihrer Seele aufsteigen; überschlafen Sie die Fragen und schauen Sie, welche Antworten Ihr inneres Ich bereithält. Schreiben Sie sie in Ihr Notizbuch.

1. Welches sind Ihre größten Blockaden? Entwerfen Sie jeweils fünf Möglichkeiten, sie zu überwinden.
2. Welche wichtigen Entscheidungen haben Sie verschoben? Führen Sie sie sich ganz klar vor Augen.
3. Beruhen Ihre Entscheidungen auf Ihrer inneren Stimme? Oder nehmen andere Einfluss darauf?
4. Welche Gefühle bekommen Sie, wenn Sie nicht die richtige Wahl oder Entscheidung treffen? Wenn Sie sich darin üben, diese Gefühle zu benennen, können Sie sie bei Ihren künftigen Entscheidungen quasi als Alarmsignal nutzen.

5. Werfen Sie irgendjemandem vor, eine Entscheidung für Sie getroffen zu haben? Wenn ja, wem? Vergeben Sie diesen Menschen jetzt. Ich vergebe ______________, dass ______________________________.
6. Beschreiben Sie die fünf glücklichsten Momente Ihres Lebens. Machen Sie sich mit den Gefühlen, die damit einhergingen, vertraut.
7. Was würde Sie in freudige Erregung versetzen, wenn Sie es jetzt sofort haben könnten?
8. Wie würden Sie sich fühlen, wenn Sie es bereits hätten?
9. Erstellen Sie eine detaillierte Liste Ihrer Talente – schreiben Sie alles auf, wovon Sie denken oder wissen, dass Sie es besonders gut können.
10. Schreiben Sie die Namen aller Menschen auf, auf die Sie noch sauer sind und über die Sie schlecht denken. Begründen Sie auch, warum das so ist.
11. Was würde passieren, wenn Sie diesen Menschen, aber auch sich selbst, alles vergeben würden?

Die Wahrheit ist: Wenn Sie alles vergeben würden, wären Sie frei, Ihr wahres göttliches Ich zu leben.

Übungen, Teil zwei

Beantworten Sie die folgenden Fragen; seien Sie dabei bitte ganz ehrlich.

1. Was möchten Sie insgeheim haben?
2. Was möchten Sie insgeheim sein?

3. Was würden Sie insgeheim gern tun?
4. Wenn Geld für Sie keine Rolle spielte, was würden Sie dann mit Ihrem Leben anfangen?
5. Was würden Sie alles besitzen?
6. Wer oder wie würden Sie sein?
7. Was würden Sie kaufen?
8. Mein Traumberuf ist ____________________.
9. Meine Traumbeziehung ist ____________________.
10. Mein Traumbody ist ____________________.

Affirmationen

Schreiben Sie die folgenden Affirmationen in Ihr Tage- oder Notizbuch, und sprechen Sie sie laut aus. Konzentrieren Sie sich dabei besonders auf die, die wirklich in Ihnen widerhallen, und üben Sie dann täglich mit ihnen.

1. Ich akzeptiere jedes Wunder in meinem Leben – sofort.
2. Ich bin voller liebevoller Dankbarkeit für mich und andere.
3. Ich vertraue auf mich und mein grenzenloses Potenzial.
4. Ich bin zuversichtlich und treffe nur die allerbesten Entscheidungen.
5. Ich akzeptiere nur das Beste im Leben.
6. Ich gestatte mir, verletzlich zu sein.
7. Ich bin liebevoll und zuversichtlich.
8. Ich vertraue auf meine innere Stimme.
9. Ich gestatte mir, so zu leben, wie ich es beschließe.

Diese Affirmationen sind als Hilfsmittel gedacht. Sie werden Ihnen helfen zu erkennen, dass Sie immer eine Wahl haben und dass jede Ihrer Entscheidungen Sie dem spirituellen Leben näher bringen kann.

5

Nehmen Sie die Unterstützung wahr, die Sie bekommen

Das moderne Leben wirkt sich auf die engen Beziehungen, die früher die erweiterte Familie gekennzeichnet haben, oft störend aus. Einsamkeit und daraus resultierende Depressionen sind in der westlichen Welt leider keine Seltenheit.

Hier lebt die Mehrheit in Städten oder an der Peripherie, aber dieses enge Zusammenleben hat – Ironie des Schicksals – eher zur Isolation beigetragen als zu engen, stabilen Beziehungen.

Die Gesellschaft ist in vielerlei Hinsicht gespalten: sozioökonomisch, rassisch, politisch, religiös, intellektuell. Die unterschiedlichen gesellschaftlichen Gruppen setzen sich je nach Interessenlage zusammen.

Einer solchen Gruppe anzugehören kann einem Kontakte mit Gleichgesinnten verschaffen, vermittelt aber nicht unbedingt das intensive, beruhigende Zusammengehörigkeitsgefühl, das die Menschen brauchen, um ihr zutiefst menschliches Bedürfnis nach spirituellen Beziehungen befriedigen zu können.

Sie sind nicht allein

Wie es meine Klientin Dharma, von der ich im vorigen Kapitel berichtet habe, gerade erlebt, lebt im Land der Spiritualität eine wundertätige Gemeinschaft, die viele Gelegenheiten für wichtige spirituelle Beziehungen bietet. Es ist Ihre spirituelle Gemeinschaft. Die Zugehörigkeit ist Ihr königliches Geburtsrecht. Wenn Sie, wie Dharma, Kontakte zu anderen Bewohnern knüpfen, werden Sie die Erfahrung machen, dass im Land der Spiritualität genau die liebevolle Gemeinschaft lebt, nach der Sie sich in Ihrem tiefsten Inneren schon immer gesehnt haben. Jetzt haben Sie sie endlich gefunden.

Die Selbsttäuschung der Isolation

Bevor wir bewusst in die Spiritualität eintraten, lebten wir in einer ichbezogenen Welt. Wir pflegten andere zu beurteilen, sie entweder als besser oder als schlechter einzustufen als uns selbst – mit dem unbewussten, aber durchaus beabsichtigten Ergebnis, dass wir uns von ihnen absetzten. Wir bezogen es vor, uns als isolierte, vereinzelte Individuen zu betrachten, und brauten uns allerlei Gründe zusammen, die uns davon überzeugen sollten, dass wir den intensiven Kontakt und die spirituelle Vereinigung mit anderen Menschen nicht verdient hätten.

Genauso verhält sich das Ego im Kampf um die Vorherrschaft über unser Leben, das Ego, das Angst hat, zerstört und aufgegeben zu werden, wenn wir uns entscheiden, bewusst spirituell zu leben. Es ist gar nicht so einfach, ein wachsames, wild zur Herrschaft entschlossenes Ego loszulassen; und durch das wachsende Bewusstsein, dass Ihre Entscheidungen entweder aus Liebe getroffen werden oder aus Angst, wird diese ständige Herausforderung nur noch größer. Das Ego beruht auf Angst, das Herz auf Liebe.

Wenn Sie dieses Buch durcharbeiten und dabei mit Ambivalenzen kämpfen müssen, so sind das die Reaktionen Ihres angstbesetzten und auf Selbstschutz bedachten Egos, das seine Vorherrschaft nicht aufgeben und Sie Ihrem auf Liebe beruhenden spirituellen Bewusstsein nicht überantworten möchte. Bis jetzt hat das Ego sehr effektiv als Ventil funktioniert und Sie vor allen vermeintlichen Gefahren bewahrt – diese Ehre gebührt ihm. Indem es die Selbsttäuschung nährte, Sie seien mutterseelenallein auf der Welt, abgeschnitten von Ihrer spirituellen Natur und der anderer Menschen, hat es Ihnen aber auch die Gaben der spirituellen Vereinigung vorenthalten. Dieser Fehler muss ihm verziehen werden.

Die Vorherrschaft des Egos abstreifen

Während wir gemeinsam in das höhere Bewusstsein der gelebten Spiritualität vordringen, beginnen wir den engen Grenzen des Egos zu entwachsen. Mit Hilfe der Botschaft und der Übungen dieses Buches können wir uns jetzt mit den unendlichen Weiten unseres Ichs identifizieren – und dadurch wird das Ego weder zerstört noch aufgegeben;

vielmehr können wir es liebevoll umfangen, es für den Nutzen, den es uns gebracht hat, würdigen und ihm den Versuch, seine Herrschaft zu verteidigen, verzeihen. Die Reise in das Land der Spiritualität ist die edle und heilige Suche nach Liebe. Die unerschrockene Anerkennung der Wahrheit und die Bereitschaft zu verzeihen sind dabei unverzichtbar, der gerechte Lohn ist ein großes Herz, Fülle und die intensiv empfundene liebevolle Vereinigung mit dem ganzen Leben.

Sie sind nicht allein. Ich bin bei Ihnen. Genau wie Millionen anderer Menschen. Wir alle schätzen Sie. Sie sind einzigartig und unersetzlich. Sie sind ein integraler Bestandteil von Allem-was-ist. Glauben Sie mir. Nur die Arroganz Ihres Egos lässt Sie auf andere Ideen kommen, suggeriert Ihnen, Sie seien ein isoliertes, losgelöstes Individuum, das seine Grabenkämpfe um begrenzte Ressourcen gegen andere isolierte, abgeschnittene Individuen führt. Spirituell gesehen liegt dieser Wahn ganz offen zutage. Sie und ich sind nicht weiter voneinander getrennt als zwei Äpfel, die an einem Zweig wachsen. Durch unseren gemeinsamen Ursprung, den Baum des Lebens, sind wir alle aufs Engste miteinander verbunden.

Um überleben zu können, hält es Ihr Ego für seine Aufgabe, andere zu bekämpfen. Wenn seine Autorität in Gefahr gerät, kann es sich sogar gegen Sie selbst richten. Wie wir damit umgehen sollen? Ich sage es Ihnen mit einem einzigen Wort: Vergebung. Wir vergeben unserem Ego, es weiß es nicht besser. Und uns vergeben wir, dem Ego und seinem Isolationswahn so viel Bedeutung beigemessen zu haben. Wir machen diesen Fehler wieder wett. Durch Versöhnung wird die Selbsttäuschung der Isolation behoben. Versöhnung bringt unsere Identität wieder in Einklang mit Allem-was-ist. Versöhnung geschieht durch Vergebung.

Die Freude der Versöhnung

Im Land der Spiritualität gibt es keinerlei Egogrenzen. Dort leben wir alle gemeinsam im Universellen Fluss. Dort finden Sie Menschen, die genauso »unpersönlich« lieben wie Dharma. Im Land der Spiritualität werden Sie von überschießender Liebe durchdrungen, sie berührt alle, mit denen Sie in Berührung kommen (auch wenn Sie nur an sie denken oder sie sich vorstellen). Wenn das ständige Bewerten erst einmal von Ihnen abgefallen ist, empfinden Sie eine tiefe Verbundenheit mit allen anderen Menschen, ja mit dem ganzen Leben. Wir alle sind Ausdrucksformen des Lebens, sind in Menschengestalt kristallisiertes Licht. Wie hieß es doch so schön bei den Beatles: »I am he as you are he as you are me and we are all together.« – Ich bin er, wie du er bist, wie du ich bist, und wir sind alle zusammen. Gemeinsam sind wir das Leben!

Wenn Sie Achtsamkeit üben, werden Sie zunehmend bewusster. Ihre Intuition entwickelt sich, vielleicht sogar so sehr, dass es Sie selbst erstaunt. Das liegt daran, dass Sie nicht isoliert sind. Sie und das gesamte Leben greifen ineinander. Manche spirituellen Puzzleteilchen teilen Sie mit anderen.

In diesen gemeinsamen Gebieten besteht Ihre natürliche Reaktion auf andere im Erkennen, in der Sympathie und im

Mitgefühl. Sie werden den Schmerz und die Einsamkeit der Verlorenen und Verwirrten empfinden und alle in Ihr weiches Herz schließen. Spirituell reagieren Sie auf andere mit Versöhnungsbereitschaft – Sie empfinden den großen Wunsch, intensiven Kontakt mit ihnen zu haben. Das kommt von der bedingungslosen Liebe, die sich in Ihnen ausdrückt. Bedingungslose Liebe ist ein Lohn für sich: Sie verschenken sie, weil es sich gut und richtig anfühlt, egal, wie andere darauf reagieren.

Spirituelle Reisegefährten

Im Land der Spiritualität sind Sie wirklich nicht allein, glauben Sie mir. Um Sie herum sind Millionen höchst bewusste Angehörige von Ihnen. Sie empfangen Sie in ihrer Mitte, wie eine Großmutter ihr Enkelkind in den Arm nimmt, wenn sie es zum ersten Mal sieht. In dem Maße, in dem Sie sich im Land der Spiritualität wohler und heimischer fühlen, beginnen Sie andere Menschen zu erkennen. Diese erkennen Sie heute bereits. Sie glauben mir nicht? Sie werden ungeduldig? Tragen Sie dieses Buch offen mit sich herum, und Sie werden schon sehen. Sie werden sehen, wer alles auf Sie zukommt und welche Gespräche sich daraus ergeben. Sie haben unzählige spirituelle Reisebegleiter. Glauben Sie mir, ich bin nur einer von vielen.

Am Anfang hält eine gewisse Scheu Sie vielleicht noch davon ab, Kontakte zu knüpfen. Das sind die Reste der Vorherrschaft Ihres Egos, das Ihnen immer eingeredet hat, andere Leute seien gefährlich, langweilig oder würden sich nicht für Sie interessieren. Im Fluss der bedingungslosen Liebe kann Ihnen überhaupt nichts geschehen. Sie sind in Sicherheit. Im Land der Spiritualität werden Ihre Fürsorge und Ihr Mitgefühl so aktiviert und orchestriert, dass Sie jeden Menschen interessant finden. Und Ihre mitfühlende spirituelle Energie ist so attraktiv, dass Sie keinem gleichgültig bleiben – falls diese Menschen bereits erwacht sind. Ist das noch nicht der Fall und Sie treten ihnen fürsorglich und mitfühlend entgegen, so werden Sie sie aufrütteln. Glauben Sie mir, alle sehnen sich nach der Liebesenergie, die Sie ausstrahlen, und werden sie wundervoll finden.

Wenn wir spirituell leben, empfinden wir auch die Verantwortung, anderen zu einem höheren Bewusstsein zu verhelfen. Das merkt man an dem dringenden Bedürfnis, mit anderen teilen, ihnen etwas mitteilen zu wollen. Sie möchten einfach nicht, dass sich Ihre Lieben die Majestät und die Wunder entgehen lassen, aus denen Ihr Leben jetzt besteht. Das ist die wesentliche Triebfeder eines spirituellen Menschen. Er erkennt sich in allen anderen wieder und sucht Vereinigung durch Liebe.

Je tiefer Sie in das Land der Spiritualität vordringen, desto stärker wird dieser Wunsch. Gleichzeitig sind Sie aber vielleicht auch noch etwas gehemmt. Ein ganzes Leben voller Schmerz und Zurückweisung lässt sich nicht so schnell abstreifen, und daher halten Sie die Kontaktaufnahme immer noch für ein bisschen riskant. Das ist völlig in Ordnung. Sie brauchen einfach mehr Übung.

Suchen Sie sich einen Reisegefährten

Lassen Sie uns also üben. Ich möchte, dass Sie in diesem fünften Schritt auf Ihrem Weg sich einen »spirituellen Verbündeten« suchen, der Ihr Reisegefährte ins Land der Spiritualität wird. Das könnte Ihr Partner, Liebhaber, Bruder oder Ihre Schwester, ein Kollege oder eine Freundin sein. Oder auch jemand, der das Gespräch mit Ihnen sucht, nachdem ihm in der U-Bahn aufgefallen ist, dass Sie dieses Buch lesen. Mit dieser Person können Sie vereinbaren, sich gegenseitig zu unterstützen. Wenn Sie nicht sofort wissen, um wen es sich dabei handeln könnte, macht das gar nichts. Entspannen Sie sich, und vertrauen Sie darauf, dass der Betreffende schon auf Sie zukommen wird. Seien Sie bereit, jeden, der kommt und Sie auf Ihrer Reise begleiten möchte, bedingungslos zu unterstützen.

Wollen oder Haben?

Ich möchte Ihnen von Alex erzählen, einem Klienten von mir, mit dem ich mich inzwischen angefreundet habe. Als wir uns kennen lernten, war Alex Mitte dreißig und hatte schon viel spirituell gearbeitet – gelesen, studiert, Yogakurse besucht, meditiert, regelmäßig mit Affirmationen geübt. Er war immer auf der Suche. Von »meinem« spirituellen Leben hatte er noch nichts gehört, als er sich an mich wandte. Er bat mich um Hilfe, weil er das Gefühl hatte, auf der Suche nach seiner Wunschpartnerin allein nicht weiterzukommen. Alex hatte schon eine ganze Reihe Beziehungen hinter sich, die einige Monate oder Jahre gedauert hatten. Die längste hielt fünf Jahre. In der Regel hatte er Schluss gemacht, weil er sich spirituell unausgefüllt fühlte. So war das zwölf Jahre gegangen. Alex meinte, er könne sich ganz genau vorstellen, wie es wäre, eine Partnerin zu haben, die er heiraten und mit der er Kinder haben könnte; allmählich aber war er frustriert und ernüchtert, weil es ihm langsam unmöglich vorkam, die Richtige zu finden.

Ich bestätigte Alex, dass er diese Partnerin mit Sicherheit finden würde. Ich konnte seine Beziehung direkt vor mir sehen. Ich half ihm zu durchschauen, dass der Erfüllung seines Wunsches dessen Intensität im Wege stand. Alex steckte seine gesamte Kreativität in den Wunsch statt in das Ergebnis. Ich konnte ihn davon überzeugen, dass die Frau, nach der er sich sehnte, ganz real war und dass auch sie bereits nach ihm suchte. Ich machte ihm Mut, darauf zu vertrauen, dass sie schon unterwegs zu ihm war und dass dieses vollkommene Vertrauen sie zu ihm führen würde. Ich riet ihm auch, diese Frau eher innerlich zu suchen. Er sollte sich beruhigen, ihre Gegenwart schon einmal spüren und darauf vertrauen, dass er einen spirituellen Vertrag abgeschlossen hatte, dem zufolge sie sich finden und zusammen sein würden, und dass es auch Verträge mit Menschen gab, die ihre Kinder sein würden. Ich redete ihm gut zu. Er musste nicht auf Teufel komm raus suchen. Die Richtige war schon auf dem Weg zu ihm.

Sie würde aber vielleicht nicht so aussehen, wie er es sich vorstellte, gab ich Alex zu bedenken. Wie wir im zweiten Kapitel erörtert haben, entsprechen, wenn wir spirituell leben, unsere Partner nicht notwendigerweise unserem früheren

»Typ«. Denn unser Typ wird dann nicht länger von kulturellen oder sexuellen Wünschen bestimmt, sondern eher von unserem bedingungslosen Herz, das ohne Vorurteile und Bewertungen liebt.

Tatsächlich traf Alex die Frau, die er dann später auch heiratete. Sie sind sich in einem Yogakurs begegnet. Er hatte sie schon lange beobachtet und fand ihr Strahlen faszinierend. Als potenzielle Partnerin aber hatte er sie nicht in Betracht gezogen. Sie erschien ihm viel zu jung, er hielt sie noch für einen Teenager. Als sie sich dann aber »zufällig« auf einer Party trafen, stellte sich heraus, dass sie doch bereits dreiundzwanzig war. Alex lud sie zum Essen ein und vertraute darauf, dass seine bedingungslose Liebe ihnen schon den Weg weisen würde. Sie erkannten einander sehr schnell. Plötzlich fand Alex seine zwölfjährige Suche selbst ein bisschen lächerlich. Denn als er sie aufgenommen hatte, war seine Partnerin schließlich erst elf gewesen! Was lehrt uns das? Vertrauen Sie darauf, dass Beziehungen ihr ganz eigenes Tempo haben und Wunder ihre Zeit brauchen. Ich habe Ihnen diese Geschichte erzählt, um Sie daran zu erinnern, dass Gleich und Gleich sich gern gesellt und dass es auf jeden Fall auch für Sie den perfekten Partner oder die perfekte Partnerin gibt.

Ihr Reisegefährte

In der Übung, die wir in diesem Kapitel machen wollen, haben Sie einen perfekten Reisegefährten, der Sie auf Ihrem Weg ins Land der Spiritualität begleitet. Bei dieser Übung suchen Sie keinen Geliebten oder Partner fürs Leben, sondern ganz einfach einen Reisegefährten. Nur zur Übung. Dabei lernen Sie, darauf zu vertrauen, dass Sie in der Lage sind, die richtigen Beziehungen zu schließen und zu beiderseitigem Nutzen Erfahrungen auszutauschen. Vielleicht dauert die Beziehung zu Ihrem Reisebegleiter nicht das ganze Leben; unbedeutend ist sie deshalb noch lange nicht. Es kann die erste bewusst spirituelle Beziehung sein, die Sie eingehen. Vielleicht ist Ihr Reisegefährte ein Mensch, von dem Sie auf den ersten Blick denken, es gebe zwischen Ihnen nicht die geringsten Gemeinsamkeiten. Das ist völlig in Ordnung. Bei dieser Beziehung geht es nicht um romantische, gesellschaftliche, geschäftliche oder intellektuelle Interessen. Sie sind Reisegefährten, wollen beide ins Land der Spiritualität. So wie alle möglichen Leute aus den verschiedensten Gründen nach Italien möchten, reisen auch die unterschiedlichsten Typen ins Land der Spiritualität. Es fasziniert Sie aus einer ganzen Reihe von Gründen, letztlich aber werden Sie feststellen, dass Sie die Reise angetreten haben, um endlich ganz Sie selbst zu sein.

Aus zwei Gründen möchte ich Ihnen empfehlen, sich einen Reisegefährten zu suchen: Erstens macht es den ganzen Trip leichter; Sie können sich gegenseitig mit dem Gepäck helfen und gemeinsam die richtige Route ausarbeiten. Zweitens sollten Sie üben, in Gemeinschaft zu sein, denn im Land der Spiritualität ist das der Normalzustand. Dort ist die Isolation des Egos aufgehoben, und an ihre Stelle tritt die nachhaltige Vereinigung spiritueller Wesen. Indem Sie sich intensiv auf einen Reisegefährten einlassen, können Sie sich gemeinsam verhalten, als wären Sie schon lange Bewohner des Landes der Spiritualität (was Sie in Wirklichkeit ja auch sind).

Aber wie finden Sie nun diesen Reisegefährten? Sie werden merken, dass er plötzlich einfach da ist. Sie werden dieses Buch offen bei sich tragen und dadurch Ihr Bedürfnis kundtun. Auf alle Nachfragen werden Sie positiv, aufgeschlossen und ohne jegliche Bewertung reagieren.

Was Sie mit Ihrem Reisegefährten tun sollen? Sie werden einander vertrauen und sich austauschen. Vertrauen Sie darauf, dass Sie zu Ihrem Reisegefährten so offen sein können, wie Sie mögen. Vertrauen Sie darauf, dass Ihr Gefährte Sie nicht beurteilt. Vertrauen Sie darauf, dass Ihr Austausch auf Mitgefühl, gegenseitiger Fürsorge und »unpersönlicher« Liebe beruht. Vertrauen Sie darauf, dass es sich um eine Erfahrung Ihres höheren Bewusstseins handelt, das sich auf alle Beziehungen ausdehnt, die Sie vorurteilsfrei anknüpfen. Teilen Sie sich ungezwungen und aufrichtig mit. Legen Sie Ihre Gefühle und wunden Punkte offen. Sprechen Sie über Ihre speziellen Probleme und Fragen. Tauschen Sie sich auch über Ihre Ängste aus, damit sie sich in der trostreichen Beruhigung der bedingungslosen Liebe in nichts auflösen können.

Wenn Ihnen der Anfang peinlich ist, beginnen Sie damit, gemeinsam dieses Buch zu lesen. Gehen Sie die Beziehung zu Ihrem Reisegefährten an, als hätten Sie eine Zeitungsanzeige aufgegeben, in der Sie jemanden suchen, der Sie nach Italien begleitet. Diese Verbindung hat einen bestimmten Zweck und eine bestimmte zeitliche Dimension. Auf diese Weise stehen Sie nicht unter dem Druck, dass Sie bis in alle Ewigkeit in jeder Kleinigkeit übereinstimmen müssen. Setzen Sie ruhig Grenzen, wenn Ihnen dabei wohler ist. Sie könnten zum Beispiel beschließen, sich zwei Monate lang wöchentlich für zwei Stunden zu treffen. Danach sehen Sie weiter.

Okay, genug geredet. Lassen Sie uns anfangen. Jetzt sollten Sie ganz tief in Ihrem Herzen spüren, dass Sie nicht allein sind. Ich kann es kaum erwarten, dass Sie endlich erfahren, was für ein Segen das ist.

Übungen

Beantworten Sie die folgenden Fragen. Am besten notieren Sie die Antworten in Ihrem Tage- oder Notizbuch, so können Sie später darauf zurückkommen und alles aufschreiben, was Ihnen dann noch einfällt. Die Fragen werden Ihnen helfen, sich selbst besser kennen zu lernen. Und dann ist es Ihr authentisches Ich, das die vorübergehende Beziehung zu Ihrem Reisegefährten ins Land der Spiritualität aufnimmt.

1. Schreiben Sie auf, wie Sie von Menschen, die Sie neu kennen lernen, behandelt werden möchten.
2. Beschreiben Sie den Typ Freund oder Freundin, den Sie gern hätten.
3. Erstellen Sie eine Liste all der Eigenschaften, die Sie sich bei einem Freund oder einer Freundin wünschen.
4. Schreiben Sie die Namen der Freunde und Bekannten auf, von denen Sie das Gefühl haben, sie seien depressiv, niedergeschlagen und fühlen sich ungeliebt.
5. Was haben Sie ursprünglich von ihnen gewollt?

6. Schreiben Sie die Eigenschaften auf, die Sie sich in den verschiedenen Lebensbereichen idealerweise von Ihren Beziehungen wünschen.
7. Inwiefern distanzieren Sie sich von anderen?
8. Nennen Sie zehn Beispiele, wie Sie andere Menschen anerkennen, lieben und inspirieren.
9. Teilen Sie Ihre wahren Gefühle mit. Sagen Sie: Ich empfinde ____________________.
10. Womit halten Sie hinterm Berg?
11. Wem können Sie die Wahrheit nicht ins Gesicht sagen?
12. Wie würden die Betreffenden auf die Wahrheit reagieren?
13. Stellen Sie sich die Frage: Inwiefern bin ich nicht bereit oder habe Angst, die Wahrheit herauszufinden und auszusprechen?
14. Zählen Sie alles auf, womit Sie reich gesegnet sind.

Affirmationen

Machen Sie sich sowohl mündlich als auch schriftlich immer wieder klar:

1. Ich bin ein liebenswürdiger, freundlicher Mensch.
2. Alle meine Beziehungen sind leidenschaftlich und lebendig.
3. Von allen und jedem spreche ich nur in den höchsten Tönen.
4. Ich nutze die Macht meiner Sprache, um andere zu großartigen Dingen zu inspirieren.

5. Ich teile jedem meine wahren Gefühle mit.
6. Ich ziehe nur Menschen an, die eine ähnliche Vision haben wie ich und die meine Größe unterstützen.
7. Alle meine Freunde unterstützen meine spirituellen Visionen.
8. Ich bin dankbar für alles, womit ich gesegnet bin, und weiß es zu schätzen.
9. An jedem Menschen finde ich etwas Gutes.
10. Ich befinde mich in vollkommener Harmonie mit allen meinen Lebenserfahrungen.
11. Mein Leben ist wunderbar!

6

Programmieren Sie sich neu, um alte Verhaltensmuster zu verändern

Stellen Sie sich noch einmal vor, Sie fliegen nach Rom. First class. Die Maschine hat gerade abgehoben, und es geht Ihnen wunderbar. Carlo, der flotte italienische Steward, hat Ihnen soeben Ihr Kissen aufgeschüttelt und einen Cinzano serviert. Alles, was Sie während des Fluges brauchen, ist in greifbarer Nähe, und so kommt Ihnen Ihr breiter Ledersitz wie ein kuscheliges Nest vor. Mit einem Mal wird Ihnen bewusst: Das ist Ihr Traumurlaub. Sie haben die maximale Flughöhe erreicht, und jetzt wenden Sie sich Ihrer Reisegefährtin zu. Sie hat ein angenehmes, gewinnendes Auftreten und beginnt sich sehr nett nach Ihnen zu erkundigen.

Plötzlich wird Ihnen klar, dass Ihnen ein großes Repertoire möglicher Antworten zur Verfügung steht. Es ist Ihr Traumurlaub: Sie können sein, wer immer Sie mögen. Vielleicht waren Sie vor ein paar Tagen noch eine zu Tode gelangweilte Hausfrau, die vom vielen Chipsessen immer dicker wurde, ein Autoverkäufer, dem die Kundschaft weglief, oder eine Schauspielerin, die sich als Kellnerin durchschlug. Vielleicht wurden Sie von Ihren Sorgen erdrückt, waren depressiv oder badeten sich so in Selbstmitleid, dass Ihr Mann und Ihr Sohn und die meisten alten Freunde nichts mehr mit Ihnen anfangen konnten.

Das alles spielt plötzlich keine Rolle mehr. Jetzt sitzen Sie in der ersten Klasse der Alitalia, haben die Beine ausgestreckt, und Ihre Füße ruhen in den plüschigen Schlappen, die Sie von Carlo bekommen haben, auf der hochklappbaren Fußstütze. An den bitter-süßen Geschmack des Cinzano haben Sie sich gewöhnt. Sie können sein, wer immer Sie möchten. Antworten Sie Ihrer Sitznachbarin jetzt mit Episoden aus Ihrer trübseligen Vergangenheit – oder greifen Sie die Gelegenheit beim Schopf und erfinden Sie sich endlich das Leben, das Sie schon immer haben wollten? Sie können immer noch der vom Pech verfolgte Autoverkäufer sein – oder aber ein Jetsetter, der sich aus erster Hand über Michelangelo informieren will. Beides stimmt. Sie haben die Wahl.

Wer wollen Sie sein?

Wenn wir spirituell leben, wird uns bewusst, dass wir in jedem Augenblick unseres Lebens eine Wahl treffen. Unser ganzes Leben ist ein einziger kreativer Akt. Wenn wir am Steuer unseres Lebens einschlafen, haben wir es nicht anders gewollt. In diesem Buch geht es darum, Ihnen bewusst zu machen, dass Sie alle Nase lang Entscheidungen treffen. Wer verschlafen durchs Leben trudelt, trifft Augenblick für Augenblick immer wieder dieselbe Entscheidung. Verhaltensmuster und Gewohnheiten entwickeln sich. Irrigerweise reden wir uns aber ein, diesen Verhaltensmustern und Gewohnheiten unterworfen zu sein, als wären wir identisch mit ihnen. Dabei haben wir sie uns in Wirklichkeit selbst ausgesucht.

Egal, wo und wie wir leben, wir sind die Schöpfer unserer Existenz. Im spirituellen Leben besteht der Unterschied darin, dass wir uns dessen bewusst sind und unsere unzähligen Alltagsentscheidungen mit Achtsamkeit, willentlich und durchdacht treffen. Am Ende ist unser Tag die Summe all dieser Entscheidungen. In der Passivität jenseits der Spiritualität fällt uns gar nicht richtig auf, wie wir eigentlich von A nach B kommen. Da ist es immer so, als würde es einfach irgendwie geschehen. Wir nennen es Glück oder Schicksal, empfinden uns, je nachdem, als Glückspilz oder Opfer. Jetzt aber, in der höher entwickelten Bewusstheit der Spiritualität, können wir darin den Wahn unserer Verpenntheit erkennen.

Wir haben einen Irrtum gelebt, und jetzt wissen wir es. Aber müssen wir uns die ganzen vergeudeten Jahre deshalb jetzt zum Vorwurf machen und uns teeren und federn? Nein, wir verzeihen uns einfach. Schließlich wussten wir es früher nicht besser. Jetzt schon. Wir korrigieren unseren Fehler und vergeben uns die Vergangenheit. Schließlich hat sie uns genau dorthin gebracht, wo wir heute sind.

Fehler als Lernhilfen

Bei anderen ist es nicht schwer, die Fehler zu erkennen. Bei unseren Kindern sehen wir einen nach dem anderen, und kluge Eltern wissen, dass Kinder durch ihre Fehler lernen. Wir lassen sie machen – sorgen aber natürlich dafür, dass ihnen nichts passiert. Wenn wir eingreifen, bevor sie die Gelegenheit hatten, ihr Ding durchzuziehen, bekommen sie die Botschaft, dass wir ihnen nicht zutrauen, selbst eine Entscheidung zu treffen. Dann verlieren sie den Glauben an sich und ihre Entscheidungsfähigkeit. Eltern, die sich so verhalten – und davon gibt es mehr als genug –, meinen, es wäre im Interesse ihrer Kinder, aber das ist ein Irrtum. Kontrollsüchtige, überbehütende Eltern berauben ihre Kinder schon früh ihrer Wahlmöglichkeiten und ihres Selbstvertrauens. Dann fühlen sich die Kinder eingeschränkt, werden frustriert, sauer, hochgradig verwirrt und fühlen sich abgeschnitten von ihrer angeborenen Freiheit, die Entscheidungen zu treffen, aus denen ihr Leben besteht. Sie werden ihrer persönlichen Macht beraubt.

Ich wurde einmal von einem Ehepaar aufgesucht, das sich von mir spirituelle Erkenntnisse über ihre acht Jahre alte Tochter Cissy erhoffte, die ziemliche Schwierigkeiten in der Schule hatte, sowohl mit ihren Klassenkameraden als auch im Unterricht. Darüber hinaus aber leistete sie auch ihrer Klassenlehrerin erheblichen Widerstand. Die Eltern waren tief beunruhigt. Die Mutter, erzählten sie mir, war extra zeitweise aus dem Beruf ausgestiegen, um in den ersten Jahren bei der Tochter sein zu können. Kein Opfer hatten die Eltern gescheut, damit Cissy die beste Privatschule besuchen konnte, die es in der Gegend gab. Beide waren ehrenamtlich für die Schule tätig, und Cissy bekam von allem nur das Beste. Mutter und Vater gaben sich wirklich alle Mühe, perfekte Eltern zu sein.

Kein Zweifel, sie hatten nur die besten Absichten, nobel und selbstlos. Trotzdem begriffen sie nicht, was es heißt, gute Eltern zu sein. Mit ihren ständigen Interventionen unterminierten sie die Selbstständigkeit der Achtjährigen. Cissy konnte ja in den Ferien nicht einmal mit ihren Freundinnen spielen, ohne überwacht und bevormundet zu werden. Ihre Eltern hielten sich für selbstlos, in Wirklichkeit waren sie Diktatoren. Bei jeder Gelegenheit griffen sie Cissys Entscheidungen vor, sagten ihr, was sie anziehen und wie sie sich verhalten sollte, mit wem sie spielen sollte und sogar wie. Dadurch, dass die Eltern ihr jede Entscheidung abnahmen, fühlte sich das Mädchen extrem eingeschränkt. Ihre Eltern kamen ihr keineswegs besonders liebevoll oder hilfreich vor, im Gegenteil, Cissy hatte das Gefühl, dass sie nicht an sie glaubten und ihr kein eigenes Urteil zutrauten. Sie war ganz durcheinander. Ihre Eltern sagten immer wieder, wie sehr sie sie liebten, und wie alle Kinder beschloss auch Cissy mit jeder Faser ihres Herzens, ihnen zu glauben. Trotzdem fühlte sich das, was die Eltern taten, für sie nicht im Geringsten wie Liebe an, eher wie Misstrauen und Unterschätzung. Dieser Zwiespalt führte dazu, dass Cissy ganz konfus wurde und sich völlig überfordert fühlte. Sie musste einfach rebellieren und gegen die engen Grenzen, die ihr gesetzt wurden, ankämpfen. Und da sie noch zu klein war, um die Liebe ihrer Eltern aufs Spiel zu setzen, rebellierte sie stattdessen eben gegen ihre Lehrerin und die Klassenkameraden.

Cissys Eltern, die es ja nur gut meinten, fiel es nicht leicht, das ganze Gestrüpp von Verblendungen, das sie um ihre Elternrolle herum aufgebaut hatten, auszuräumen und neu zu programmieren. Sie hatten sich immer als ideale, opferbereite Eltern gesehen, in Wirklichkeit aber Freiheitsberaubung an ihrer Tochter begangen. Ich bin jedoch durchaus optimistisch. Die beiden haben erkannt, dass sie Fehler gemacht haben, und die können sie, wie sie ebenfalls wissen, durch Vergebung und achtsamere Erziehungsmethoden jederzeit korrigieren.

Ich habe Ihnen diese Geschichte erzählt, weil wohl jeder von uns in der Kindheit auf die eine oder andere Weise von seinen Eltern unterdrückt wurde: einige wenige aktiv missbraucht (und in diesen Fällen hatten die Eltern meistens dasselbe durchgemacht), ein bedeutend größerer Prozentsatz aber eher von wohlmeinenden Eltern, die dachten, sie würden alles richtig machen. In der überwiegenden Mehrheit wussten diese Mütter und Väter gar nicht, dass sie mit etwas mehr Bewusstheit bedeutend bessere Entscheidungen hätten treffen können. Sie hatten irgendeine vage Vorstellung von »guter Elternschaft« und richteten ihr Verhalten danach aus.

Das kann sich die Menschheit heute aber nicht mehr leisten. Eine unreflektierte Erziehung führt zu unbewussten Kindern, die zu unbewussten Erwachsenen heranwachsen, die unbewusste oder manipulative Regierungen wählen, die das Leid in der Welt eher noch vergrößern. Wir müssen unsere Kinder spirituell heranziehen, und der einzige – sichere – Weg, das zu tun, besteht darin, dass wir selbst spirituell leben. Mit der größeren Bewusstheit, die damit einhergeht, können wir uns unsere Vergangenheit vergeben und sie korrigieren. Wenn wir mit Achtsamkeit und Vorsatz handeln, vergrößern wir auch den Einfluss, den wir auf die Welt nehmen können. Je bewusster wir leben, desto mehr Informationen erhalten wir, die uns helfen können, jeden Moment bewusst eine Entscheidung zu treffen.

Fehlerkorrektur

Im dritten Schritt haben wir uns mit Vergebung als Mittel der Fehlerkorrektur und Versöhnung beschäftigt. Vergebung ist eine Übung, die das ganze Leben in Anspruch nimmt, denn da wir nicht vollkommen sind, machen wir ständig neue Fehler. So lernen wir. Je spiritueller wir jedoch leben, desto kleiner werden diese Fehler, denn wir lernen immer mehr, jede einzelne Entscheidung mit größerer Bewusstheit zu treffen. Diese größere Achtsamkeit ermöglicht es uns auch, Fehler schneller zu erkennen, sodass sie nicht mehr ganz so schlimme Verwüstung anrichten können.

Je besser wir unsere Fehler erkennen und je bewusster wir all die Entscheidungen angehen, aus denen unser Leben besteht, desto mehr bekommen wir das Gefühl, im spirituellen Fluss des Lebens mitzuschwimmen. Den Menschen in unserem inneren Kreis fühlen wir uns immer mehr verbunden, aber auch dem Leben insgesamt. Wir gestatten uns, den persönlichen Wert wahrzunehmen, den wir individuell verkörpern, akzeptieren ganz allmählich, dass kein anderer tun könnte, was wir tun, beitragen, was wir beitragen, lieben, wie wir lieben. Jeder von uns ist eine einzigartige Ausdrucksform des Universellen Geistes.

Das Selbstbild verbessern

In dem Maße, in dem wir uns nicht mehr als behinderte, isolierte, kleine, unbewusste Individuen sehen, sondern als absichtsvolle, einzigartige, mitfühlende spirituell bewusste

Wesen in einem zielgerichteten spirituellen Universum, nehmen unsere Möglichkeiten zu und wächst auch unser Selbstwertgefühl. Dabei handelt es sich nicht um eine Befriedigung unseres Egos, bei der wir uns im Wettbewerb mit anderen hochjubeln. Nein, eher beginnen wir uns als Teil des zusammengehörenden Ganzen des Lebens zu begreifen und fühlen uns tief geehrt, dazugehören zu dürfen. Wir erkennen, dass wir eine ganz bestimmte, einzigartige Kombination von Fähigkeiten, Talenten und Erfahrungen mitbringen, mit denen wir unserer Bestimmung ganz bewusst nachgehen. Wir messen uns nicht mit anderen; genauer gesagt messen wir uns überhaupt nicht. Unser Urteilsvermögen ist geschärft, dafür schwindet unser Hang zu kritischen Bewertungen. Wir schwimmen im Fluss des Bewusstseins mit.

Dieses verbesserte Selbstbild tut vor allem unserem Selbstwertgefühl enorm gut. Wenn wir spirituell leben, empfinden wir uns wahrhaftig als Brunnen, der vom Universellen Geist gespeist wird. Wir werden immer empfänglicher für andere. Frühere Bewertungen und Selbstbewertungen verblassen bis zur Unkenntlichkeit. Das tiefe Vertrauen, das mit dieser großen Verbundenheit einhergeht, befriedigt unser Sicherheitsbedürfnis. Indem wir bewusst und zielorientiert aus dem Herzen heraus leben, bringen wir auch unseren Sexualtrieb in Übereinstimmung mit dem authentischen Ausdruck von Liebe. Wir bedienen uns unserer gewachsenen persönlichen Macht, um unsere eigenen Bedürfnisse zu befriedigen, aber auch, um allgemein Gutes zu tun. Indem wir uns die alten Fehler vergeben und jede Entscheidung mit höchster Achtsamkeit treffen, verwandeln wir uns in starke, liebevolle, gebende Menschenwesen.

Je spiritueller wir leben, desto mehr kommen wir mit diesem Bewusstsein in Einklang. Die Annahmen, die wir – manchmal schon sehr lange – über uns, unsere Beziehungen und andere Aspekte des Lebens hatten, stimmen nicht mehr unbedingt mit diesem neuen wachen Ich überein. Und genauso, wie wir im zweiten Kapitel das taubenblaue Polyesterkostüm ausrangiert haben, werfen wir auch überholte Identitäten, Lebensumstände und Beziehungen über Bord, wenn sie nicht mehr zu unserem heutigen wachen spirituell bewussten Ich passen.

Folgen der Veränderung

James, wie ich ihn nennen möchte, besuchte eines meiner Seminare. Er war gerade fünfzig geworden und arbeitete schon seit einiger Zeit an sich. An seinem Geburtstag wurde ihm bewusst, dass höchstwahrscheinlich schon mehr als die Hälfte seines Lebens hinter ihm lag, und er bedauerte, dass er nicht viel bewusster gelebt hatte. Zurückhaltung und Hemmungen konnte er jetzt nicht mehr brauchen. Plötzlich empfand er das dringende Bedürfnis, die ihm verbleibenden Jahre so bewusst wie möglich zu leben und genau so, wie er es sich wünschte.

Entsprechend hatte er einiges an seinem Leben verändert, sich und seine Beziehungen seinen gegenwärtigen Bedürfnissen und Wünschen gemäß neu programmiert. Das gab ihm sehr viel Kraft. In alles, was er tat, brachte er frischen Wind. James, der ein kleines Architekturbüro besaß, beschloss, von nun an nur noch das zu tun, was ihm wirklich

Spaß machte und worin er richtig gut war, und alles andere zu delegieren.

In seinem Büro sorgte das zunächst für ziemlichen Aufruhr, nach einiger Zeit aber setzte sich die Umstrukturierung durch. James war jetzt glücklicher und erfolgreicher und übte sowohl auf seine Angestellten als auch auf seine Kunden eine ausgesprochen positive Wirkung aus. Wie sich herausstellte, zog seine neu gewonnene größere Klarheit auch zunehmend einsichtigere Auftraggeber an. So wurde seine Arbeit für ihn immer befriedigender und interessanter. Das, erklärte ich ihm, war der Fluss des spirituellen Lebens. Wo früher Verwirrung für Verwirrung sorgte, sorgte jetzt Klarheit für Klarheit. Als Alleineigentümer hatte sich James beruflich bislang sehr isoliert gefühlt. Jetzt empfand er allgemein eine größere Verbundenheit – mit Angestellten, Architektenkollegen und Kunden gleichermaßen. Sie alle sah James jetzt als ein Team im Dienste einer gemeinsamen Vision. Seine Beziehungen zu den Menschen wurde intensiver, nahm er jetzt doch viel mehr Anteil an ihrem Leben, ihren Interessen und Problemen. Er hatte begonnen, sich als spiritueller Gefährte auf sie zu beziehen, und sah sie nicht länger als Galeerensklaven auf dem schwankenden Schoner der Architektur.

Seinen neuen beruflichen Optimismus richtete James dann auch auf sein Privatleben. Er begann seine familiären Beziehungen so umzuprogrammieren und alte Verhaltensmuster so zu verändern, dass sie besser zur neuen Vision von seinem Leben passten. Voller Zuversicht, dass er mehr Wahrheit, Klarheit und insgesamt Positives in die familiäre Dynamik bringen würde, preschte James vor und ging wie selbstverständlich davon aus, dass seine Frau und seine zwei halbwüchsigen Söhne sofort mit von der Partie sein würden, einfach, weil er ja wusste, dass er Recht hatte. Aber da hatte er sich geschnitten. Er handelte aus dem Impuls seiner ersten guten spirituellen Erfahrungen heraus, aber sein Mitgefühl war noch nicht so weit entwickelt, dass er auch verantwortungsbewusst mit den Reaktionen darauf umgehen konnte. Im Grunde war James erst halb erwacht. Die einseitigen Aktionen, die sich in seinem Betrieb als so effektiv erwiesen hatten, ließen im Familienkreis die Hölle losbrechen. Seine Frau war völlig verunsichert, denn sie konnte sich nicht vorstellen, wo wohl sie bleiben würde – bei dem ganzen Feuereifer ihres Mannes, sein Leben neu zu gestalten. Und die Söhne, die immer ein stabiles und relativ vorhersehbares familiäres Umfeld hatten, gerieten angesichts der vielen plötzlichen Veränderungen, die ihr Vater einführen wollte, völlig in Verwirrung.

Ich erklärte James, dass zu diesen umfassenden Veränderungen, denen er sein Leben unterziehen wollte, auch Verantwortungsgefühl gehört. Um die Vision seines künftigen Lebens erfolgreich in die Praxis umsetzen zu können, musste er all seine Fähigkeiten optimieren. An erster Stelle stand dabei im Moment das Mitgefühl, das es ihm erlauben würde, bewusst darauf zu achten, welche Auswirkungen sein Tun auf andere hatte, insbesondere auf seine Frau und seine Söhne.

Wenn wir uns dem spirituellen Leben entsprechend neu programmieren, ist es von allergrößter Wichtigkeit, dass wir uns auch über den Einfluss Rechenschaft ablegen, den wir auf andere haben. Man kann sich James' Familie wie ein dreidimensionales Puzzle vorstellen. Jeder Einzelne in dieser vierköpfigen Familie hat zahlreiche Verbindungen zu den anderen. Und jede Beziehung zwischen zwei Familienmitgliedern berührt auch die der beiden übrigen. Als James begann, sein Leben neu zu organisieren, veränderten sich diejenigen Teile seiner Person, die in das Leben der anderen hineinragten. Sie veränderten ihre Form, einige wurden größer, andere verschwanden, wieder andere kamen ganz neu hinzu.

James war davon ausgegangen, dass sich an seinem Verhalten gegenüber seinem engsten Familienkreis nichts ändern würde. Jede innerliche Veränderung aber hat auch Auswirkungen auf den äußeren Status quo, und damit hatte James nicht gerechnet. Seine Frau bekam plötzlich Angst, dass in seinem neuen Lebensentwurf kein Platz mehr für sie sein könnte. Und seine Söhne, beide Teenager, wollten einfach wissen, woran sie bei ihrem Vater waren.

Ein neues Gleichgewicht

Der Tumult, den James' Erwachen auslöste, hätte beinahe dazu geführt, dass er einen Schritt rückwärts ging, um das alte Gleichgewicht wiederherzustellen. Der Schmerz, den seine Veränderung bei seiner Frau und seinen Jungen ausgelöst hatte, wurde ihm bewusst – und er wollte ihn ungeschehen machen. An dieser Stelle kam ich ins Spiel. Ich machte James klar, dass er seinem erwachenden Ich treu bleiben musste und dass das auch für seine Familie gut wäre. Aber »gut« ist nicht immer gleichbedeutend mit »einfach«. Wir alle richten uns mitunter so in einem Fehlverhalten ein, dass es leichter beizubehalten als abzustellen wäre. Wenn wir es aber erst einmal bewusst wahrgenommen haben, müssen wir es abstellen. Dann haben wir keine andere Wahl mehr. Sonst fühlt es sich für unser spirituell mittlerweile höher entwickeltes Bewusstsein unvorteilhaft und unauthentisch an, und auf die Dauer ist daran festzuhalten schmerzlicher, als es abzulegen. Jeder hat sein eigenes Tempo, mit dem er anstehende Veränderungen einleitet. Haben wir aber erst einmal erkannt, dass eine Veränderung notwendig ist, dann können wir ihr nicht ausweichen, wollen wir nicht völlig die Balance verlieren.

Es erfordert Mut, alte Verhaltensmuster zu verändern. Das wurde auch James bald klar. Er musste den Mut aufbringen, den Status quo in seiner Familie auf den Kopf zu stellen, damit er sich selbst treu bleiben konnte. Daran ist aber nichts Schlimmes. An dieser Stelle kommt die Spiritualität zum Tragen; an den Punkten, an denen die verschiedenen Puzzleteilchen zusammenpassen, fließt sie dann auch auf unsere Lieben über. Dadurch, dass er seine Fähigkeiten vergrößert hatte, kam James zu der Erkenntnis, dass er nicht mehr zurückkonnte. Jetzt konnte er aber den Schwierigkeiten, die er seiner Familie zumutete, mit mehr Liebe und Mitgefühl begegnen.

Wenn wir beginnen, spirituell zu leben, wird uns bewusst, dass wir alles haben und erreichen können, was wir uns nur wünschen. Dann wissen wir auch, dass wir es nicht anders verdient haben. Uns selbst gegenüber tragen wir die Verantwortung, unsere Wahrheit zu leben, uns die Fehler zu vergeben, die wir in der Vergangenheit gemacht haben, uns neu zu programmieren und alte Verhaltensmuster abzulegen. Das hat wahrscheinlich Auswirkungen, die sich auf unser ganzes Leben erstrecken, bis in die Familie, den Freundes- und Kollegenkreis hinein. Das ist alles völlig in Ordnung. Wir müssen einfach das größer gewordene Mitgefühl, das mit der Weiterentwicklung unseres Bewusstseins einhergeht, auf alle ausweiten, mit denen wir es zu tun haben. Dadurch erreichen wir in unserem spirituellen Leben auf einem höheren, bewussteren Niveau ein neues Gleichgewicht; indem wir uns neu programmieren, verhelfen wir auch den Menschen, mit denen wir zusammenleben, zu neuem Auftrieb. Für die Beteiligten ist das, wie wir am Beispiel von James erfahren haben, nicht immer leicht. Unsere Veränderung bringt auch die Rolle durcheinander, die wir für andere spielen. Das ist eine gute Gelegenheit, voller Liebe und Mitgefühl die Wahrheit zu sagen und die anderen mit den wundersamen Veränderungen vertraut zu machen, die das spirituell bewusste Leben uns allen zu bieten hat.

Übungen

Denken Sie über die folgenden Fragen nach, und schreiben Sie die Antworten in Ihr Tage- oder Notizbuch. Sie helfen Ihnen beim Prozess des Loslassens alter Muster und beim Neuprogrammieren Ihres Lebens.

1. Denken Sie an Momente, in denen Sie nicht bereit sind, ein Risiko einzugehen. Wie fühlen Sie sich dabei?
2. Worin genau besteht das Risiko?

3. Was, glauben Sie, könnten Sie verlieren?
4. Was, glauben Sie, könnten Sie gewinnen?
5. Haben Sie Schuldgefühle, wenn Sie ein Risiko eingegangen sind?
6. Tragen Sie die volle Verantwortung für Ihr Leben?
7. Sind Sie in der Lage, die richtigen Entscheidungen zu treffen?
8. Was sind das für Entscheidungen?
9. Verlassen Sie sich ganz auf sich selbst, und vertrauen Sie sich?
10. Haben Sie das Gefühl, irgendetwas fehle Ihnen?
11. Was könnte das sein?
12. Schauen Sie sich alle Misserfolge an, die Sie meinen erlitten zu haben. Schreiben Sie sie auf. Welche Bedeutung haben sie für Sie?
13. Vergeben Sie sich dann alle diese Misserfolge.
14. Schreiben Sie auf: Ich vergebe mir.
15. Und sagen Sie laut: Ich vergebe mir.

Affirmationen

Machen Sie sich Folgendes immer wieder schriftlich und mündlich klar:

1. Ab sofort vertraue ich auf meine Gefühle.
2. Ich lasse mich von meiner Intuition leiten.
3. Jeden Tag weite ich meine Komfortzone ein bisschen mehr aus.
4. Ich habe volles Vertrauen in das Leben.

5. Mein Selbstwertgefühl ist gut entwickelt.
6. Ich vertraue mir und anderen.
7. Ich vertraue auf meine materiellen Güter.
8. Ich liebe mich.
9. Ich lasse in Frieden und voller Liebe los.
10. Ich gestatte allen, mich zu lieben und mich zu unterstützen.

Stufe Drei

Spirituell bewusst leben

7

Erkennen Sie Ihre Schöpferkraft

In den vorhergehenden sechs Kapiteln haben wir uns mit der Frage beschäftigt, wie wir das Land der Spiritualität erreichen und wie wir unseren Aufenthalt dort dauerhaft gestalten können. Jetzt, da Sie sich entschlossen haben zu bleiben, müssen Sie entscheiden, was Sie für sich und die Welt sein wollen. Hätten Sie gern einen neuen Job? Mehr Romantik? Einen Partner fürs Leben? Wohlstand? Grenzenlosen Reichtum? Weltfrieden? Wollen Sie dem Hunger in der Welt ein Ende setzen?

Sobald Sie spirituell leben, gehen Sie eine bewusste Verbindung mit der Universellen Quelle ein. Sie wissen, dass Gedanken kreativ sind. Allmählich werden Sie sich auch der vielen Entscheidungen bewusst, die Sie jeden Moment treffen. Ihr Mitgefühl, Einfühlungsvermögen und die Anteilnahme allen Lebewesen gegenüber erreichen ein immer höheres Niveau. Schritt für Schritt leben Sie spiritueller. Jetzt können Sie die Ihnen zur Verfügung stehenden Ressourcen nutzen, um sich das Leben zu erschaffen, das Sie sich wünschen.

Was wollen Sie erreichen? Stellen Sie sich den heutigen Tag – wie auch jeden anderen – als den ersten Tag Ihres neuen

Lebens vor. Richten Sie Ihre gesamte Achtsamkeit auf Ihren aktuellen Ausgangspunkt, und bestimmen Sie das Ziel, das Sie anstreben. Seien Sie dabei so präzise wie möglich. Denken Sie daran: Wenn Sie ins Restaurant gehen, sagen Sie auch nicht einfach nur »Geben Sie mir was zu essen«. Nein, Sie bestellen ein Vollkornsandwich mit Thunfisch, Salatblatt und Tomate, aber ohne Gurke. Kommt dann stattdessen ein Käsebrötchen, lassen Sie es doch bestimmt zurückgehen, oder etwa nicht? Manche Leute mögen vielleicht denken: Na ja, Käse ist eigentlich auch nicht schlecht, und ich will dem Kellner keine große Mühe machen, dann ess ich es eben. Das aber wäre ein schlimmer Fehler. Sie müssen an Ihrem Ziel festhalten, andernfalls trudeln Sie orientierungslos durchs Leben und werden nie erfahren, wie befriedigend es ist, wenn man erreicht, was man sich gewünscht hat.

Wir Menschen sind von Natur aus Schöpfer. Schauen Sie sich die Welt doch an, die wir uns erschaffen haben: Im Guten und im Schlechten, alles um uns herum zeugt von menschlicher Kreativität. Durch unsere Achtsamkeit erschaffen wir wunderbare Kunst- und Bauwerke, denken Sie an Caravaggio oder den Petersdom. Aber auch Umweltverschmutzung, Armut, Krieg, Krankheit und Leiden gehen auf unser Konto. Das sind die Ergebnisse mangelnder Achtsamkeit, die außerhalb der Spiritualität entstehen. Wie Sie feststellen werden, ist Ihr Leben voll mit solchen Produkten der Gedankenlosigkeit, und viele von ihnen stammen sicher auch von Ihnen selbst, aus Ihrer früheren Existenz jenseits der Spiritualität. Nehmen Sie sie zur Kenntnis. Nehmen Sie auch eventuelle finanzielle Probleme zur Kenntnis, die Sie haben. Nehmen Sie zur Kenntnis, dass Sie sich möglicherweise in einem Job eingerichtet haben, der Ihnen keine Befriedigung verschafft. Dass Sie vielleicht Übergewicht haben oder körperlich nicht fit sind. Eventuelle Drogenprobleme. Oder sind Sie etwa ständig müde? Stellen Sie fest, ob Sie sich einsam fühlen oder sexuell unausgefüllt. Erkennen Sie mit einer großen Portion Bereitschaft, sich zu vergeben, an, dass Sie sich all das unbewusst selbst eingebrockt haben.

Und jetzt verändern wir es. Wie gesagt: Menschen sind von Natur aus schöpferische Wesen. Wir sind Fleisch gewordene Ausdrucksformen der Universellen Quelle und auf diesem Planeten Erde, um die materielle Wirklichkeit zu erleben und uns auf der physischen Ebene auszudrücken. Sie haben einen Vertrag mit sich geschlossen; Sie sind hierher gekommen, um ein aktiver Teil der gesamten Schöpfung zu werden. Mittlerweile ist Ihnen bewusst, dass Sie in jedem Moment Ihres Lebens die Wahl haben. Sie können voller Bedacht und Achtsamkeit schöpferisch tätig sein oder aber unbewusst und aus verschlafenen Gewohnheiten und alten Indoktrinationen heraus.

Ein Schritt nach dem anderen

Sie sind ein Brunnen der Universellen Quelle und können die Richtung frei wählen, in der Sie sprudeln wollen. Also, wofür entscheiden Sie sich? Beginnen Sie damit, Ihre Ziele nach Prioritäten zu ordnen. Seien Sie auch hierbei so präzise wie möglich. Wie oft haben Sie wohl schon gedacht: Das und das Buch werde ich schreiben, ich werde abnehmen, mich selbstständig machen, neue Klienten akquirieren, kerngesund sein oder meine Beziehung verbessern? Das sind alles höchst ehrenwerte Ziele, doch irgendwie sind Sie wahrscheinlich immer vom Weg abgekommen. Aber wenn Sie nach Rom wollten, würden Sie sich schließlich auch nicht einfach ins Auto setzen und losdüsen, oder? Nein, Sie würden auf die Landkarte schauen und mehrere Zwischenstationen einplanen. Das Ziel wäre natürlich immer Rom, aber Sie würden die Strecke Stück für Stück angehen. Damit Sie Ihr endgültiges Reiseziel nicht aus den Augen verlieren, ist es wichtig, dass Sie in kleinen Etappen planen. Anderenfalls kann es leicht sein, dass Sie irgendwo falsch abbiegen, aus dem Konzept kommen und vollkommen vergessen, wo Sie ursprünglich eigentlich hin wollten. Das Endziel muss Ihnen kristallklar sein, genau wie die aufeinander folgenden Schritte, die Sie unternehmen müssen, um es erreichen zu können.

Möchten Sie kerngesund sein? Dann müssen Sie sich sagen: »Ich sprühe vor Gesundheit.« Auf diese Weise identifizieren Sie sich mit dem Resultat, das Sie erreichen wollen, und lassen sich nicht von dem »Wollen« ablenken, das den Effekt hat, Sie von Ihrem Ziel zu trennen. Stellen Sie sich vor, was »Ich möchte kerngesund sein« im Grunde bedeutet: Hier sind Sie, und ganz weit da hinten ist Ihre sprühende Gesundheit. Dazwischen liegt das weite, weite Meer der Ablenkung. Wenn Sie dagegen sagen: »Ich sprühe vor Gesundheit«, wird diese Trennung hinfällig und Sie verfügen sofort über die Energien sprühender Gesundheit. So sind Sie ganz nah an der Quelle. Die Trennung von ihr ist eine

Selbsttäuschung, der wir uns nicht mehr hingeben, sobald wir spirituell leben.

Als Endziel nennen Sie also: »Ich sprühe vor Gesundheit.« Werfen Sie jetzt einen Blick auf Ihre Landkarte. Tun Sie tatsächlich alles, was in Ihrer Macht steht, um diese sprühende Gesundheit zu erlangen? Stehen alle Maßnahmen der Gesundheitsförderung, die Sie ergreifen, wirklich im Einklang mit dem gewünschten Endziel? Umgeben Sie sich mit hilfreichen, gesunden Menschen? Meditieren Sie? Ernähren Sie sich organisch und vollwertig und vermeiden tote, konservierte Lebensmittel? (Das bedeutet auch, dass Sie auf Frustessen verzichten, eine weit verbreitete unbewusste Angewohnheit, die vielen Menschen, die eigentlich gesund leben möchten, zum Verhängnis wird.) Sie müssen den Blick fest auf Ihr angestrebtes Ziel gerichtet halten und sich jeden Zwischenschritt genau überlegen, um sicherzustellen, dass Sie auch in der Spur bleiben.

Seien Sie so präzise wie möglich

Je präziser Sie Ihr Ziel definieren, desto schneller erreichen Sie es. In meinen Seminaren frage ich die Leute oft, was sie schaffen möchten. Häufig lautet die Antwort dann: »Ich möchte mich gern selbstständig machen.« Das ist viel zu allgemein formuliert. Das wäre genau so, als würden Sie sagen, Sie wollten einen Italienurlaub machen. Sie müssen schon etwas genauer werden: Möchten Sie nach Rom, Mailand oder Venedig? Seminarteilnehmern, die in die Selbstständigkeit wollen, helfe ich dabei, so präzise wie möglich zu werden: »Ich habe eine weltweit operierende Firma für sportliche Frauenmode.« Oder: »Ich führe eine phantastisch erfolgreiche Kunstgalerie in Soho.«

Keine Zweideutigkeiten

Wenn ich mit meinen Klienten an der Formulierung und Klärung ihrer Ziele arbeite, stelle ich oft fest, dass sie sich von Ängsten und Zweifeln irritieren lassen: »Diese Galerie hätte ich wirklich gern, aber wo soll bloß das Geld dafür herkommen?« Solche Fragen sind völlig unangebracht. Sobald Sie sich über Ihr Ziel im Klaren sind, stellt sich auch das Geld ein. Das Universum unterstützt Ihr Vorhaben in jedem Fall, ob Sie Klarheit haben oder nicht: Wenn Sie Ihr Ziel genau kennen, werden Sie es auch genau erreichen. Sind Ihre Vorstellungen dagegen vage und verschwommen, wird das Ergebnis, das Sie erzielen, genauso diffus sein. Stellen Sie sich vor, Ihre Ziele seien vollkommen klar und strukturiert. Dann erzeugt Ihre Willenskraft eine energetische Verbindung zwischen Ihnen, dem Schöpfer, und Ihrem Endziel. Die Energie wird von der Universellen Quelle zur Verfügung gestellt, die stets in Bereitschaft ist und nur auf Anweisungen von uns wartet, wo sie gebraucht wird.

Was, nicht wie

Wenn wir uns auf das »Wie« unserer Schöpfungen konzentrieren statt auf das »Was«, behindern wir den Universellen

Fluss. Wir alle sind Royals, Kinder des Universums, und als solche haben wir ein Anrecht auf alle seine wertvollen Gaben und Ressourcen. Wir müssen lernen zu begreifen, dass wir denselben Anspruch auf die Erfüllung unserer Wünsche haben wie die Mitglieder der königlichen Familie. Ein König kümmert sich auch nicht darum, wie etwas erledigt wird; er gibt einfach seine Befehle und geht davon aus, dass sie ausgeführt werden. Auf diese Weise erzielen auch wir am besten die Ergebnisse, die wir haben wollen. Wer sich dagegen auf die Details des Wie kapriziert, schließt von vornherein eine Unzahl möglicher Chancen aus.

Ich habe einen Klienten namens Jackson. Jackson war Immobilienmakler, sein Geschäft florierte aber nicht so richtig. Er suchte mich aus Frust darüber auf, dass er kaum neue Kundschaft gewann und viel zu wenig Geschäfte abschloss. Ich fragte ihn, ob er Spaß an seiner Arbeit habe, was er verneinte. Dann sollte er mir sagen, was er am liebsten machen würde, wenn er jeden Job haben könnte, den er wollte. Er antwortete, er wäre gern irgendwie im Sport tätig, alles, was damit zu tun habe, würde ihn sehr faszinieren, und er kenne sich darin auch hervorragend aus. Ich coachte ihn, viel präziser zu werden. Ob er in irgendeiner Sportart aktiv sein wolle? Lieber eine Mannschaft managen? Oder Sportjournalist werden? Jackson musste nicht lange überlegen. Er wäre gern Sportreporter im Fernsehen. Während er nur darüber sprach, veränderte sich seine Energie bereits dramatisch. Der Immobilienmakler, der meine Praxis betreten hatte, war mir müde und leblos vorgekommen, der Mann aber, der jetzt von seiner künftigen Sportkarriere schwärmte, steckte voller Energie und Tatendrang.

Ich half Jackson dabei, sein Endziel klar zu benennen und nach dem »Als-ob«-Prinzip vorzugehen – so zu agieren, als ob sein Traum schon wahr wäre. Zusätzlich gab ich ihm eine Aufgabe: Ich wollte von ihm wissen, wie er sich wohl vorbereiten würde, wenn er ein Vorstellungsgespräch bei einem der großen Sportsender hätte. Sein schwacher Punkt sei das Hockey, verriet er mir. Daher würde er sich zunächst einmal ein Buch über die L. A. Kings besorgen. Darin konnte ich ihn nur bestätigen. Dann forderte ich ihn auf, sein Ziel fest ins Auge zu fassen und darauf zu vertrauen, dass das Universum eine Brücke zwischen seinem Status quo und dem Ziel schlagen würde, das er erreichen wollte.

Nachdem Jackson meine Praxis verlassen hatte, ging er sofort in einen der großen Buchläden und erkundigte sich, ob ein Buch über die L. A. Kings vorrätig wäre. Während ihn die Buchhändlerin zum richtigen Regal brachte, entspann sich ein Gespräch über Hockey und Sport im Allgemeinen. Jackson war Feuer und Flamme für seine neue Perspektive, und selbst bei dieser lockeren Plauderei war seine Begeisterung nicht zu überhören. Nach ein paar Minuten kam eine Frau auf ihn zu und sagte, sie sei unfreiwillig Ohrenzeugin des Gesprächs geworden. Ihr Mann sei bei einem Sportsender, und sie würde ihn gern mit ihm bekannt machen. Dann gab sie ihm ihre Karte.

Am späten Nachmittag rief mich Jackson an, um mir zu sagen, dass er einen Vorstellungstermin hätte. Ich schärfte ihm ein, bei seiner »Als-ob«-Haltung zu bleiben. Er solle sich verhalten, als hätte er den Job bereits, denn für das Bewerbungsgespräch brauchte er dieses Selbstvertrauen. Um sich den Stallgeruch von Erfahrung und Erfolg zu verschaffen, beschloss Jackson, sich vorzustellen, er sei bei einem Sportsender an der Ostküste beschäftigt. Die beiden Männer verstanden sich auf Anhieb. Sie unterhielten sich über Sport, was ohnehin Jacksons Lieblingsthema war, und zum Schluss bekam er eine Stelle angeboten. Jackson konnte es kaum fassen. Zugegeben, ganz so schnell wie bei ihm geht es nicht immer, wenn Sie aber unerschütterlich an Ihren Plänen festhalten, gewissenhaft alle erforderlichen Zwischenschritte unternehmen, sich total auf das Ziel konzentrieren, das Sie erreichen wollen, und dem Universum das Wie überlassen, dann können Sie sicher sein, dass Sie bekommen, was Sie wollen.

Bündeln Sie Ihre Kräfte

Sie haben enorm viel Kraft. Passen Sie aber auf, dass sie nicht von Ängsten und Zweifeln aufgefressen wird. Denn sonst stecken Sie diese ganze Kraft genau in all die negativen Dinge, denen Ihre Sorgen und Bedenken gelten. Die Universelle Energie ist wertneutral. Vielleicht stellen Sie sie sich am besten als Kraftstoff vor, der exakt dorthin fließt, wo Sie ihn hinlenken: genauso gut in Ihr Ziel, die phänomenal erfolgreiche Kunstgalerie in Soho, wie in die Vorstellung, Sie hätten dafür nicht genügend Geld. Wenn Sie daran zweifeln, liegt es nur daran, dass Sie noch nicht lange genug spirituell leben. Je mehr Sie darauf bauen, dass Sie ein aktiver, bedeutender, einzigartiger schöpferischer Mensch sind, dessen Aufgabe darin besteht, den Strom der Universellen Energie in neue Bahnen zu lenken, desto eher nimmt Ihre Perspektive reale Gestalt an.

Von allergrößter Bedeutung ist es, dass Sie auf sich und Ihre Wünsche vertrauen. Sie sind ein kreatives spirituelles Wesen, das zum Menschen wurde, um in der materiellen Welt Erfahrungen zu sammeln. Wenn Sie sich das selbst noch nicht ganz abnehmen, glauben Sie es einfach mir: Ich weiß es. Alle Ihre bewussten und achtsamen Wünsche sind vertrauenswürdig. Alles, wozu Sie sich hingezogen fühlen, steht im Einklang mit der Universellen Quelle, und Ihre spezielle Mission besteht darin, es jetzt auf Erden umzusetzen. Wenn Sie Ängste und Zweifel hegen, wenn Sie das Gefühl haben, dass Sie Negativität an den Tag legen – finanzielle Probleme, Krankheit, Unzufriedenheit mit Ihrer Beziehung –, müssen Sie sich wieder neu auf die Universelle Quelle einstimmen. Das Universum gibt Ihnen immer das, was Sie brauchen. Vertrauen Sie fünf Prozent Ihrer Zeit darauf, erreichen Sie fünf Prozent, sind es hundert, erreichen Sie Ihr Ziel voll und ganz.

Kennen Sie den? Eine Frau hatte einmal einen schrecklichen Albtraum, in dem sie von einem Furcht erregenden zotteligen, grünhäutigen Monster gejagt wurde. Es war riesengroß, glitschig und machte enorm viel Radau. In ihrer Angst rannte die Frau durchs ganze Haus, aber das Monster kam immer näher. Schließlich erwischte es sie im Wohnzimmer. Als es sich schnaubend und geifernd vor ihr aufbaute, schrie die Frau voller Panik: »Was hast du mit mir vor?« Und das Monster antwortete: »Woher soll denn ich das wissen? Ist doch schließlich dein Traum.«

Das ganze Leben ist unser eigenes Werk. Wir kamen erhaben und rein auf die Welt, doch dann haben wir uns von irgendjemandem einreden lassen, wir wären nicht klug, hübsch oder kompetent genug, würden das Falsche tun oder nicht auf die richtige Schule gehen. All diese winzigen Stimmchen haben sich zu einem Riesenmonster vereinigt, das uns quer durchs Haus jagt und die Ohren voll schnattert. Jetzt endlich müssen wir zur Kenntnis nehmen, dass wir die Wahl haben; dass wir uns entscheiden können, ob wir auf dieses Geplapper hören wollen oder nicht. Und wir müssen die Verantwortung dafür übernehmen, dieses Geschnatter selbst verursacht zu haben. Wenn wir uns dafür entscheiden, das Geschnatter anzuerkennen, ziehen wir das Drama der Klarheit vor. Das Drama des »Ich kann das nicht« verhindert, dass Sie ein höheres Niveau erreichen. Wenn Sie das Drama brauchen, gucken Sie sich lieber gelegentlich mal eine Seifenoper an. Ihr wirkliches Leben ist viel zu wertvoll, um es mit Petitessen zu vertändeln.

Bleiben Sie motiviert

Verabreden Sie sich mit Ihrem Reisegefährten. Erzählen Sie ihm von den Zielen, die Sie sich gesetzt haben, und bitten Sie ihn, Sie darin zu bestärken und Bescheid zu sagen, wenn er das Gefühl bekommt, Sie wichen vom Wege ab. Wenn wir spirituell leben, unterstützen wir uns alle gegenseitig, erkennen und akzeptieren unser Einssein. Sorgen Sie als Ausdruck Ihrer Selbstliebe dafür, dass Sie sich mit Menschen umgeben, die Sie unterstützen. Seien Sie sich der Tatsache bewusst, dass Sie in Ihren Möglichkeiten unbeschränkt sind, genau wie die anderen. Unterstützen Sie diesbezüglich auch Ihren Reisegefährten.

Haben Sie Ihr Leben lang Wünsche, die Sie sich bis heute nicht erfüllt haben? Verlieren Sie sie nicht aus den Augen. Sie können sie verwirklichen, indem Sie einfach darauf vertrauen, dass diese Wünsche gut sind und Sie genügend Kraft haben, sie hier und jetzt zu realisieren. Stellen Sie sich auf Ihre Kraft als Springbrunnen der Universellen Quelle ein. Indem Sie sich gestatten, so zu leben, zu lieben und zu verzeihen, wie es Ihrer Wahrheit entspricht, werden Sie bemerken, dass Sie sich verwandeln. Ihr Bewusstsein verändert sich derart, dass Sie jeden Moment die Kraft des Erfolges spüren können. Sie fallen immer seltener in Ihre alten Verhaltensmuster zurück, bis diese schließlich ganz verschwunden sind. Sie müssen anerkennen, dass Sie mit einer einzigartigen Gabe aufwarten können. Je mehr Sie diese Wahrheit verinnerlichen, desto mehr verändert sich auch das Bewusstsein, das Sie zum Ziel bringen wird.

Sprechen Sie von Ihren Vorhaben

Wenn Körper, Geist und Seele an einem Strang ziehen, beschleunigt das die Wandlung. Der Körper spricht auf Wiederholung und Übung an. Als ich für die Olympischen Spiele trainierte, bin ich jeden Morgen und jeden Nachmittag zweieinhalb Stunden geschwommen. Alle Zellen meines Körpers erinnern sich an jede perfekte Schwimmbewegung. Selbst wenn ich ein Jahr lang nicht mehr geschwommen bin, weiß mein Körper heute immer noch ganz genau, was er tun muss, um diese perfekte Bewegung hinzubekommen. Wollen wir etwas verändern, so müssen wir unseren Willen trainieren. Je mehr Nachdruck wir unserer Absicht verleihen, indem wir sie immer wiederholen, desto solider wird unsere Grundlage. Eine vollständige Veränderung von Energie und Selbstbewusstsein nimmt einundzwanzig Tage in Anspruch. Wenn Sie die Affirmationen aus diesem Buch also drei Wochen lang regelmäßig anwenden, programmieren Sie damit nicht nur Ihren Körper neu, sondern auch Ihre Erwartungshaltungen. Einundzwanzig Tage, an denen Sie Ihre ganze Klarheit und Achtsamkeit auf das von Ihnen angestrebte Ziel konzentrieren, lassen es konkret Gestalt annehmen. Denken Sie daran, es vollkommen eindeutig zu formulieren. Sagen Sie weder »Ich möchte« noch »Ich brauche« oder »Ach, bitte«, sondern sagen Sie »Ich bin«.

1. Ich bin Liebe und ziehe jetzt den perfekten, liebevollen Partner an.
2. Wunder erlebe ich jetzt in allen Bereichen meines Lebens.
3. Ich bin jetzt der Besitzer der angesagtesten Kunstgalerie.
4. Ich bin Kreativität und aufgrund von schöpferischem Wissen, Planung und Lösungen erfolgreich.

Affirmationen funktionieren, weil die Sprache sehr kreativ ist. Sie müssen bewusst darauf achten, welche Worte Sie wählen. Wissen Sie, welches die mächtigste Affirmation ist, die ich ständig höre: »Ich bin pleite.« Mit diesen drei kraftvollen Worten schneidet man sich selbst von der Versorgung ab. Energie, die durch eine kaputte Leitung fließt, kann ihr Ziel nicht erreichen. Sagen Sie deshalb nie: »Ich bin pleite.« Denn damit isolieren Sie sich von Ihrer unbeschränkten Größe. Bewahren Sie Ihre Kraft, und sagen Sie lieber so etwas wie »Ich entscheide mich dafür, dies oder jenes im Moment nicht zu kaufen«. Vergessen Sie nicht, dass Sie einer königlichen Familie angehören, und die Royals bekommen immer, was sie wollen. Die Königin kauft auch nicht alles, was es gibt. Genauso können auch Sie es halten: »Ich entscheide mich dafür, dies oder jenes im Moment nicht zu kaufen.«

Beim Durcharbeiten dieses Buches ist Ihnen wahrscheinlich schon aufgefallen, dass meine Absicht – mein Ziel – darin besteht, dass Sie jeden Moment so achtsam leben wie nur irgend möglich. Mit dieser größeren Bewusstheit stellen Sie sich optimal auf Ihre Ziele ein, und alle Ihre früher eher zufälligen Handlungen und Äußerungen erhalten nun Bedeutung und Ausrichtung im Hinblick auf das Leben, das Sie sich wünschen. Sie formulieren Ihr Ziel, bleiben dabei und vertrauen darauf, dass das Universum die nötigen Mittel bereitstellt.

Am Anfang erleben Sie Ihren Erfolg vielleicht als magisch oder wunderbar. Mit der Zeit aber werden Sie erkennen, dass das Leben so ist. In den Staaten findet man an manchen Autos einen Aufkleber, auf dem steht: »Rechne mit einem Wunder.« Das sollten Sie von jetzt an sehr ernst nehmen.

Übungen

Die folgenden Übungen sollen Ihnen helfen, sich besser bewusst zu werden, warum Sie sich das Leben geschaffen haben, das Sie im Moment führen, und auf welche Weise Sie es so gestalten können, wie Sie es sich wünschen. Denken Sie über die Fragen nach, und schreiben Sie die Antworten in ein Tage- oder Notizbuch. Sie können sie später immer noch ergänzen. Wenn Sie sich die Macht vor Augen führen, die Sie über diese Dinge haben, können Sie sie ganz nach Belieben verändern.

1. Nennen Sie zehn Methoden, mit denen Sie sich davon abhalten, genau das zu sein, zu tun und zu haben, was Sie möchten.
2. Üben Sie, die Verantwortung für Ihr gegenwärtiges Leben zu übernehmen. Schreiben Sie auf, was Ihnen daran gefällt und was Sie lieber anders hätten.
3. Wenn Sie das Gefühl haben, Sie hätten von irgendetwas nicht genug, schreiben Sie es auf. Was genau fehlt Ihnen alles? Ergänzen Sie danach die folgenden Sätze:
4. Ich erschaffe mir ____________________. Jetzt!
5. Ich erschaffe mir ____________________. Jetzt!
6. Ich erschaffe mir ____________________. Jetzt!
7. Ich erschaffe mir ____________________. Jetzt!
8. Wie fühlen Sie sich, wenn Sie mit Leuten zusammen sind, die sehr viel Geld haben? Was unterscheidet Sie von ihnen?
9. Wenn Sie bei anderen irgendetwas sehen, das Ihnen gefällt, sollten Sie sich sagen: Ist es nicht toll, dass die das haben? Das ist auch etwas für mich.
10. Was auch immer Sie sich wünschen: Sie sehen es, sagen es und sind es. Vergessen Sie nicht: Ihr Unbewusstes wird es auf irgendeine Weise Gestalt werden lassen. Schreiben Sie zehn Dinge auf, die Sie gern hätten, und zwar so:

Ich bin ______________________________.

Ich habe ______________________________.

11. Machen Sie sich für irgendetwas Vorwürfe? Wofür genau?
12. Lassen Sie uns jetzt gemeinsam Ihr Leben erschaffen, und zwar exakt so, wie Sie es sich wünschen. Notieren und visualisieren Sie die Art der Fülle, nach der Sie sich sehnen. Welcher Beruf schwebt Ihnen vor? Was für eine Beziehung? Wo und wie würden Sie gern wohnen?
13. Wie sieht Ihr Haus aus? Das Haus, das Sie sich von ganzem Herzen wünschen? Beschreiben Sie es in allen Einzelheiten, so als würden Sie mit einem Immobilienmakler sprechen, dem Sie zutrauen, dass er es für Sie findet.
14. Ich möchte jetzt, dass Sie eine Geschichte schreiben, Ihre Geschichte. Stellen Sie sich vor, es soll ein Kinderbuch werden. Also: Es war einmal. Fügen Sie Ihren Namen ein: ______________________. Und schreiben Sie Ihre vollendete Geschichte.

Affirmationen

Wiederholen Sie diese Affirmationen so oft wie möglich, um Ihre Identität als Schöpfer Ihres Lebens neu zu programmieren:

1. Ich erschaffe ein Universum der Fülle und nehme diese Fülle jetzt an.
2. Ich schaffe mir immer die besten Gelegenheiten.

3. Ich gebe gern Geld aus.
4. Je mehr ich gebe, desto mehr bekomme ich auch.
5. Ich bin ein Gewinner!
6. Ich bin schon heute ein Welterfolg.
7. Ich bin zuversichtlich.
8. Ich habe einen perfekten gesunden Körper.
9. Ich verzeihe mir, dass ich meinen Körper bewertet oder mit anderen verglichen habe.
10. Die Energie meines Körpers ermächtigt mich, ein großartiges Leben zu führen.
11. Ich ziehe nur liebevolle Partner an.
12. In meinem Leben gibt es unbeschränkt Wunder.
13. Ich bin dankbar für mein Leben.
14. Ich bin ein ganz großartiger Mensch.

8

Genießen Sie finanzielle Freiheit

Allmählich wird's Zeit für die Praxis. In unserer westlichen Kultur dreht sich viel um Geld, um die Ressourcen, die einen dazu befähigen, sich auch materiell das Leben erschaffen zu können, das man sich wünscht. Nachdem Sie die vorhergehenden Kapitel durchgearbeitet haben, verfügen Sie jetzt über die Grundlage und den Rahmen, um Ihre Fähigkeiten zu vergrößern, finanzielle Freiheit zu genießen.

Jetzt werden wir uns Methoden anschauen, mit denen Sie sich Ihre äußeren Lebensumstände so gestalten können, wie Sie sie gern hätten.

Wenn wir spirituell leben, haben wir eine Beziehung zu allen anderen Kreaturen. Als bewusste Menschenwesen sind wir mit der ganzen Natur und der Erde selbst verbunden. Wir sind mit der Universellen Quelle verbunden. Wir sind mit Liebe, Wohlstand und Fülle verbunden sowie mit dem Fluss der Universellen Energie.

Daran sollten wir immer denken, wenn wir uns mit Geld befassen.

Geld als Lupe Ihres Lebens

In diesem Kapitel wird Ihnen Geld einen großen Dienst erweisen. Aufgrund der Vormachtstellung, die es in unserer materiell orientierten Konsumwelt hat, ist Geld wie eine starke Lupe, mit der wir unser Leben, unsere Wertvorstellungen und unser Bild von uns selbst betrachten können. Wenn Sie bereit sind, Ihr Verhältnis zum Geld mit achtsamer Genauigkeit zu überprüfen, so erhalten Sie die Chance, wichtige persönliche Einsichten zu gewinnen. Klarheit in Bezug auf unser Verhältnis zum Geld kann tatsächlich wie ein effektives Vergrößerungsglas wirken, das uns unser Verhältnis zu uns selbst zeigt. In diesem Kapitel möchte ich Sie ermutigen, zu atmen, zu gehen, zu meditieren – alles zu tun, was nötig ist, um auf sich zu achten und im ruhigen, vertrauensvollen Fluss der Energie zu bleiben, der fließt, wenn wir spirituell leben. Dann sind Sie sicher, frei von Bewertungen, Ängsten und Sorgen. Ich möchte Ihnen helfen, die schwer belasteten Mythen über Geld loszuwerden, die Sie eventuell übernommen haben, und Sie immer wieder daran erinnern, dass Ihr wahres Zuhause die Spiritualität ist, der liebevolle Fluss der Fülle.

Geld als wertneutrales Tauschmittel

Ob Sie es glauben oder nicht: Geld an sich ist wertneutral. Es ist einfach eine bequeme Form des Energieaustausches, auf die man sich verständigt hat. Ich halte es für ganz hilfreich, wenn wir uns kurz darüber klar werden, dass der Ursprung des Geldes schlicht und ergreifend darin liegt, dass es eine bequeme Möglichkeit bietet, Waren und Dienstleistungen zu tauschen.

Meine Nachbarin Marianne baut jedes Jahr Tomaten an. In meinem Garten steht ein Feigenbaum, und Mariannes Mann liebt Feigen. Den ganzen Sommer über tauschen wir Feigen gegen Tomaten. Ich allein könnte auf keinen Fall alle meine Feigen aufessen, sie ihre Tomaten genauso wenig; folglich teilen wir uns die Fülle der Energie unserer Gärten. Das kommt beiden Seiten zugute.

Dafür, dass mir meine Freundin Lisa meine Manuskripte tippt, gebe ich ihr unbezahlt Beratungsstunden. Martin, ebenfalls ein Freund von mir, ist Anwalt und hat früher immer mexikanische Erntearbeiter im Tausch gegen Körbe mit vierzig Kilo Erdbeeren juristisch beraten. Mein Freund Hank, dem ein Comedy-Club gehört, gewährt dem Besitzer seiner Reinigung freien Eintritt und bekommt dafür umsonst seine Wäsche gemacht. Sie sind vielleicht Automechaniker, und Ihre Nachbarin mag Kinder; dann könnten Sie ihr den Wagen reparieren, während sie mit Ihrer Tochter in den Park geht.

All das sind Beispiele für freundschaftlichen, bequemen Austausch zum gegenseitigen Nutzen. Von Kooperationen profitieren wir alle; wenn wir spirituell leben, ist das Teilen eine ganz natürliche Folge der Fülle – es gibt ja so vieles, das geteilt werden kann.

Geld ist einfach ein bequemes Mittel zur Speicherung und zum Tausch von Energie, auf das man sich geeinigt hat. Lisa braucht vielleicht auch einmal eine Beratung, wenn ich gerade nichts habe, was sie tippen kann. Als Freunde können wir uns gegenseitig daran erinnern, dass wir noch »Außenstände« beieinander haben. In den größeren Zusammenhängen des Lebens mit all seinen anonymen Energietauschhandlungen verlassen wir uns diesbezüglich auf den Geldverkehr. Das Geld ermöglicht es mir, meine Energie durch die Hände einer beliebigen Anzahl Dritter gehen zu lassen, ohne dass ich die Individuen, deren Energie ich letztlich verbrauche, überhaupt kenne. In einem Geldsystem haben sich alle Teilnehmer darauf verständigt, der Bequemlichkeit halber zu kooperieren. Die Währung selbst – Pfund, Euro, Dollar, Yen – ist dabei bloß der symbolische Speicher unserer Energien. Das wertneutrale Geld macht den Tausch, auf den wir uns geeinigt haben, lediglich einfacher.

Der Fluss

Während das Geld wertneutral ist, ist es die Energie, die dieses Geld repräsentiert, nicht. Die Energie steht für gedankliche Leistungen, Kreativität und harte Arbeit – die Verlängerung unseres schöpferischen Ichs in die materielle Wirklichkeit hinein. Wenn wir etwas tun, was wir richtig gern machen, wozu wir aufgrund unserer absichtsvollen, bewussten Wünsche berufen sind, erleben wir den Fluss. Wenn sich dieser Fluss in alle Aspekte unseres Lebens, auch in den Beruf, ausdehnt, also in den Bereich, in dem wir als kreative Wesen bewusst unseren Beitrag zum Fluss der Universellen Energie leisten, fühlt sich das manchmal richtig wundersam an. Je mehr Wertvolles wir beitragen, desto mehr kommt zurück. Die Universelle Energie kann in Form von Liebe, Synchronizitäten, Gefälligkeiten oder Befriedigung körperlicher Bedürfnisse zu uns zurückkommen, oder aber auch als Geld. Geld weitet den kreativen Prozess aus, indem es uns ermöglicht, bewusst zu entscheiden, wie wir die Energie, die es verkörpert, in den Fluss zurückgeben wollen. Wie bewusst wir mit der Rückverwandlung des Geldes (auch bekannt als ausgeben, investieren, schenken) umgehen, bestimmt darüber, inwieweit das Geld, das durch unsere Hände geht, zum Universellen Fluss beiträgt.

Das Geld fließt uns als unmittelbare Antwort auf unsere Absichten zu. In Abhängigkeit von unserer bewussten Kreativität und unserem selbstlosen Geben fließt es frei auf uns zu. Wenn wir den Fluss speisen, speist er uns seinerseits. Warum also erleben so viele von uns in Gelddingen Gefühle von Mangel? Ich glaube, das liegt daran, dass wir Geld immer als etwas von uns Getrenntes betrachten. Wir haben es von seinem ursprünglichen Zweck losgelöst, der darin besteht, Platzhalter für Energie zu sein. Ich vermute, dass jeder, der dieses Buch liest, davon ausgeht, dass er reichlich Energie und Kreativität hat, um etwas zum Fluss der Universellen Energie beitragen zu können.

Auch die kompliziertesten Geldangelegenheiten lassen sich, glaube ich, dadurch vereinfachen, dass Sie das Geld bewusst als Platzhalter der Energien würdigen, von denen Sie wissen, dass Sie sie in Hülle und Fülle haben.

Sie haben doch bereits eine wohlige, vertraute Beziehung zu den Energien, die Sie an diese Welt abgeben. Sie sind ein Ausdruck Ihres kreativen Flusses. Indem Sie Ihr Denken so erweitern, dass Sie Geld als Verkörperung dieser Energien begreifen, wird es zu etwas Persönlichem, Spirituellem und

Lebendigem. Sie haben unbeschränkt Zugang zu Geld, denn es hat seinen Ursprung in Ihnen selbst, in den Ergebnissen Ihres energetischen Outputs. Wenn Sie spirituell leben, werden Sie sich dieses Outputs immer mehr bewusst, all dessen, was Sie in die Welt hinausfließen lassen. Sie können zu Recht davon ausgehen, dass alles, was Sie in den Fluss hineingeben, auch zu Ihnen zurückfindet – in unserer Kultur teilweise in Form von Geld. Rechnen Sie damit. Es ist Ihr königliches Geburtsrecht.

Nichtfinanzielle Entlohnungen

Seit ich spirituell lebe, mache ich immer wieder die Erfahrung, dass Fülle und Wohlstand nicht allein finanziell zum Ausdruck kommen. Für die Beiträge, die ich leiste, erhalte ich auf ganz verschiedenen Wegen direkte Gegenleistungen – wie beim Austausch von Tippen gegen Beratung. Ich erlebe auch allerhand »wundersame« Dinge – so habe ich zum Beispiel meine Literaturagentin »zufällig« genau zum richtigen Zeitpunkt kennen gelernt, weil sie im Flugzeug neben mir saß, oder einmal habe ich einen Hundertdollarschein vor dem Kopiershop gefunden, als ich meine Brieftasche zu Hause vergessen hatte. Alltagswunder genau dieser Art können Sie erwarten, wenn Sie im bewussten Fluss der Spiritualität leben.

In unserer (nichtspirituellen) Kultur haben wir zugelassen, dass das Geld zum Maßstab unseres Selbstwertes werden konnte. Wir beurteilen uns gegenseitig anhand der Autos, die wir fahren, der Häuser, die wir besitzen, des Urlaubs, den wir machen, der Kleider, die wir tragen, der

Schule, auf die unsere Kinder gehen, der Clubs, denen wir angehören, unserer Aktien und Bankkonten. Als Statussymbole haben solche Dinge aber nur Bedeutung, solange wir nicht spirituell leben. Dann werden auch die alltäglichen Wunder nicht mitgerechnet, die uns in Gang halten und unser Leben bereichern. Lassen wir es an Achtsamkeit fehlen, können wir schnell in dieses Spielchen mit hineingezogen werden. Dann nehmen wir die Frage »Was verdienen Sie denn so?« ernst – als ob man das je in Euro und Cent angeben könnte. Quantifizieren lässt sich lediglich die Geldsumme, die wir dem Fluss jeweils entnehmen.

Worauf es wirklich ankommt

So lächerlich es sich aus einer spirituellen Perspektive vielleicht auch anhört, ich weiß es wirklich zu schätzen, dass ein so enormer kultureller Druck ausgeübt wird, materialistisch zu denken und sich selbst und andere anhand angehäufter Besitztümer zu bewerten. Diese ständigen Bewertungen werden uns von der Werbung aufgenötigt und können ihren Tribut fordern, es sei denn, wir schärfen unser Bewusstsein für das, worauf es wirklich ankommt. Kürzlich habe ich in Toronto ein Seminar abgehalten, in dem ich die 150 Anwesenden fragte: »Wer von Ihnen hält sich für großartig?« Was glauben Sie wohl, wie viele Hände hochgingen? Fünf. Fünf! Gerade einmal drei Prozent aller Leute gestatteten sich, ihre Großartigkeit zu leben. Dann ließ ich alle aufstehen und sagen: »Ich heiße Carol und bin großartig.« – »Ich heiße Evan und bin großartig.« Das fiel ihnen wahnsinnig schwer, denn sie waren so programmiert, dass sie ihre Großartigkeit in Begriffen von Wohlstand oder Ruhm definierten.

Dabei *sind* Sie großartig – von Natur aus! Sie sind ein König, eine Königin. Sie sind eine einzigartige Fleisch gewordene Manifestation der universellen Schöpfungsenergie, die auf die Welt kam, um das Erdenleben auszukosten. Sie sind ein wunderbares, erhabenes spirituelles Wesen, das nur das Allerbeste verdient hat. Glauben Sie daran, und dann wird auch nur das Allerbeste auf Sie zukommen.

Achten Sie Ihr Geld

Nun, da Ihnen bewusst ist, dass Geld der Platzhalter für Ihre Energie ist, kommt es darauf an, wie Sie damit umgehen. Wichtig ist, dass Ihnen Ihr Geld genauso wichtig ist wie die harte Arbeit, die es verkörpert. Es ist quasi eine Verlängerung von Ihnen, behandeln Sie es also mit demselben Respekt, den Sie auch sich selbst entgegenbringen würden. Schaffen Sie Ordnung in Ihrer Brieftasche oder Ihrem Portemonnaie. Gehen Sie achtsam mit Ihrem Geld um, sodass Sie auch Achtsamkeit auf das verwenden, was es für Sie tun kann.

Lassen Sie uns jetzt wirklich Klarheit in Ihre finanziellen Angelegenheiten bringen, damit Sie Blockaden identifizieren und abbauen können, die eventuell zwischen Ihnen und dem großartigen Leben in Fülle stehen, das Sie verdient haben. Lassen Sie sich genügend Zeit für die folgenden Übungen, bleiben Sie aber dabei, gehen Sie mit verantwortungsbewusstem, stetigem Tempo voran.

Vier Schritte zur finanziellen Freiheit

1. Übernehmen Sie die Verantwortung

Lassen Sie uns etwas Bewusstsein in die aktuelle finanzielle Situation bringen, die Sie sich geschaffen haben, damit Sie im Anschluss alle Veränderungen vornehmen können, die Sie sich wünschen.

A. Schreiben Sie Ihre Hoffnungen und Ängste in Sachen Geld auf. Zögern Sie nicht, schreiben Sie einfach drauflos.
B. Schreiben Sie alles auf, was Sie an guten oder schlechten Gedanken über Geld haben. Keine Selbstkritik, bitte. Je schneller Sie schreiben, desto mehr hat auch Ihr Unbewusstes die Chance, seinen Beitrag zu leisten.
C. Achten Sie darauf, wie Sie über Geld sprechen. Die ganze nächste Woche lang. Schreiben Sie alle Ihre Beobachtungen auf.

2. Klären Sie die finanziellen Grundlagen Ihres Lebensstils

Wenn Sie sich genau Rechenschaft darüber ablegen, was Sie alles brauchen, können Sie sich leichter ein finanzielles Ziel setzen, das Sie dem sorgenfreien Leben näher bringt, das Sie führen möchten.

A. Berechnen Sie, wie viel es Sie kosten würde, so zu leben, wie Sie es gern möchten. Notieren Sie jeden Posten einzeln, inklusive Miete, Essen, Garderobe, Kreditkarte, Zinsen, Kredite, Urlaub, Auto, Freizeit etc.

B. Stellen Sie sich vor, Sie seien Buchhalter. Erstellen Sie eine Bilanz Ihrer Einnahmen und Ausgaben.

Es kann durchaus sein, dass Ihnen diese Übungen emotional nicht gerade leicht fallen. Vielleicht haben Sie schon länger keine Klarheit mehr über die Gesamtsumme Ihrer Verpflichtungen oder die Belastung Ihrer Kreditkarten. Ich möchte Ihnen helfen, diese angstbesetzte Verweigerungshaltung aufzugeben. Sie werden ganz aufrichtig sein und analysieren, wo Sie finanziell stehen. Dann können Sie beurteilen, ob Sie sich damit wohl fühlen und zufrieden sind, oder ob Sie das eine oder andere gern anders hätten. Atmen Sie. Seien Sie mutig. Machen Sie weiter. Danach gehen wir einen Schritt voran.

3. Schaffen Sie Ordnung

Nur Sie allein wissen, wo genau bei Ihnen etwas im Argen liegt. Verschließen Sie davor nicht die Augen. Gehen Sie Schritt für Schritt vor. Sie werden systematisch jede finanzielle Dysfunktion abbauen, die Sie errichtet haben – eine nach der anderen.

Im ersten Kapitel haben wir gesehen, dass man aus den falschen Gründen essen kann (etwa um Liebe oder Trost zu bekommen). Vielleicht geben Sie ja aus den falschen Gründen Geld aus? Eine meiner Klientinnen zum Beispiel shoppte, »bis der Arzt kam«. Als Sekretärin hatte sie ein ganz normales Monatseinkommen, ihr Geld schmiss sie aber raus, als wäre sie ein Superstar mit einem Millionenvermögen. Ihre besondere Schwäche waren Klamotten. Dabei zog sie sie nicht einmal an, sondern kaufte nur immer weiter neue. Innerhalb eines Jahres hatte sie sich in einen Riesenschlamassel hineinmanövriert. Ich besuchte sie zu Hause, ließ sie ihre Schränke und Schubladen öffnen und rechnete alles auf, was sie im vergangenen Jahr gekauft hatte. Allein für die Klamotten, die sie nie anzog, hätte sie sich einen Neuwagen kaufen können. Ich brachte sie dazu, auf der Stelle alle fünf Kreditkarten zu vernichten, die sie besaß. Dann fingen wir mit der an, die am wenigsten belastet war. Mit der Übung der vier Schritte zur finanziellen Freiheit brachte sie größere Klarheit in ihre finanziellen Verhältnisse. Schließlich musste sie zugeben, dass das Geldausgeben bei ihr ein Ersatz für fehlende Selbstliebe gewesen war. Sie begann sich selbst mehr zu lieben, sich und ihr Geld mehr zu achten. Heute, ein halbes Jahr später, hat sie die Belastungen zweier ihrer Kreditkarten abbezahlt. Und sie hat eine neue Leidenschaft – das Malen. Sie entwirft Grußkarten. Sie hat begonnen, ihre Großartigkeit und ihre persönliche Stärke zu begreifen. Sie treibt Sport, sieht viel jünger aus und trifft sich mit Männern, die sie respektieren. Und jetzt sind Sie dran:

A. Lassen Sie sich neue Arten des Geldverdienens einfallen, damit Ihre Einnahmen die Ausgaben überschreiten.
B. Prüfen Sie Ihre Kreditkartenbelege. Falls Ihre Belastungen so hoch sind, dass Sie sie mit Ihrem monatlichen Einkommen nicht begleichen können, trennen Sie sich davon. Schneiden Sie sie entzwei, oder verstecken Sie sie,

denn wenn Sie sie weiter mit sich führen, könnte die Versuchung Sie übermannen.

C. Erarbeiten Sie eine Rückzahlungsstrategie. Sprechen Sie mit Ihrem spirituellen Reisegefährten oder mit einem Finanzberater, der Ihnen dabei behilflich sein kann.

4. Suchen Sie sich ein passendes System der Finanzplanung

A. Setzen Sie sich Halbjahres-, Jahres- und Zweijahresziele. Dabei ist es wichtig, dass Sie sich Möglichkeiten offen halten, immer mehr Geld zu verdienen. Wie viel ist es im Moment? Wollen Sie Ihre Einkünfte verdoppeln? Verdreifachen? Sie sind der Geldmagnet. Machen Sie Dinge, die Sie gern tun. Solange Sie voll am Fluss der spirituellen Energie teilhaben, kommt das Geld zu Ihnen. Achten Sie darauf, weiter spirituell zu leben und nicht aus Angst dichtzumachen. Falls das doch einmal geschieht, verzeihen Sie sich, und fangen Sie von vorn an.

B. Benennen Sie Ihre finanziellen Ziele.
   - Möchten Sie ein eigenes Haus?
   - Wünschen Sie sich ein Sparguthaben? Wie hoch soll es sein? Fünfzigtausend Euro? Hunderttausend? Eine Million?
   - Hätten Sie gern ein höheres Altersruhegeld?
   - Spenden Sie Geld für wohltätige Zwecke oder eine gute Sache?
   - Machen Sie sich in Bezug auf Ihre finanziellen Wünsche auch wirklich nichts vor?

Vielleicht möchten Sie auch die Art und Weise verändern, mit der Sie an Geld herangehen.

Alte Haltung	***Neue Haltung***
Warum können die sich das leisten?	Ist es nicht toll, dass die alles haben, was sie sich wünschen? Genau so will ich es für mich auch.
Ich weiß nicht, wie ich das machen soll. Wo soll bloß das Geld dafür herkommen?	Ich habe unzählige Chancen, an Geld zu kommen. Es fließt mir nur so zu.
Das kann ich mir nicht leisten!	Ich entscheide mich jeweils, etwas zu kaufen oder nicht.

Abgeben

Lassen Sie uns jetzt über das Abgeben sprechen. In vielen Weltreligionen kennt man den Zehnten – das heißt, dass man zehn Prozent seiner Einnahmen an die Quelle zurückgibt. Das ist eine nachhaltige Übung der Achtsamkeit, mit der man seine Zugehörigkeit zu der einen Quelle bestätigt und bewusst seinen Beitrag zum Fluss der Universellen Energie leistet. Einen Teil Ihres Einkommens abzugeben verstärkt den Glauben an die grenzenlose Fülle. Sie vertrauen darauf, dass dieser Zehnte in die Welt hinausgeht, Gutes bewirkt und dann zu Ihnen zurückkommt. Diese Haltung wird von der

Überzeugung getragen, dass alles Gute, das getan wird, jemandem nutzt und dadurch auch Ihnen persönlich zugute kommt. Mit der Abgabe des Zehnten setzen Sie diesen Glauben an die allgemeine Verbundenheit in die Praxis um.

Geben Sie nie aus Mitleid oder weil Sie jemanden bedauern, denn damit würden Sie nur das Gefühl von Mangel untermauern. Wenn Sie sehen, dass jemand in chronischen Finanznöten steckt, schenken Sie ihm lieber Ihre Liebe und dieses Buch. Einfach Geld zu geben verstärkt nur den Zustand der Abhängigkeit, an dem niemandem gelegen sein kann.

Genau wie ich Sie ermutigt habe, Ihren bewussten Wünschen in Bezug auf Ihr Leben zu vertrauen und ihnen nachzugehen, können Sie sich auch darauf verlassen, dass Ihre bewussten Wünsche Sie zu der richtigen Sache oder den richtigen Menschen führen, denen Sie finanzielle Zuwendungen zukommen lassen möchten. Wenn Sie Geld spenden, um gute Werke zu unterstützen, werden Sie schnell die Erfahrung machen, dass Ihr Geld Gutes tut. Bei Ihnen wird es das Gefühl verstärken, dass Sie mehr verdient haben – was wiederum dazu führen wird, dass Sie auch mehr bekommen.

Larry und Belinda, zwei meiner Freunde, praktizieren den Zehnten schon seit mehreren Jahren. Das System, das sie entwickelt haben, ist so effektiv, dass ich es Ihnen nicht vorenthalten möchte. Zunächst haben sie unter dem Titel »Der Zehnte« ein neues Girokonto eröffnet. Immer, wenn sie irgendwelche Einkünfte erzielten – Gehaltszahlungen, Zinsen, Dividenden, Geldgeschenke –, überwiesen sie zehn Prozent davon auf dieses Konto. Dann ließen sie das Geld drei Monate liegen, sodass ein ordentliches Sümmchen zusammenkam. Daraufhin recherchierten sie und entschieden schließlich, das Geld vier verschiedenen Zwecken zukommen zu lassen: dem Aschram, in dem sie sich spirituell zu Hause fühlten, zu ökologischen Zwecken, für Aidspatienten und für Bildung.

Während sich das Spendengeld auf ihrem Zehnten-Konto innerhalb dieser drei Monate vermehrte, fühlten sich Larry und Belinda richtiggehend begütert. Sie suchten in der Zeitung nach Wohltätigkeitsaktivitäten. Dann setzten sie sich alle drei Monate zusammen und teilten den Gesamtbetrag auf ihrem Zehnten-Konto in vier gleiche Teile. Manchmal ging in einer oder mehreren ihrer Kategorien das gesamte Viertel an ein und dieselbe Organisation, in anderen teilten sie es eventuell noch einmal auf. Dazu schrieben sie Briefe an die Organisationen, die das Geld erhielten, in denen sie ihnen für die Arbeit dankten, die sie leisteten, und sie ermutigten, so weiterzumachen.

Larry und Belinda hatten auch selbst viel Freude daran. Alles – vom Überweisen der zehn Prozent bis hin zum Ausschreiben der Schecks und dem Verfassen der Dankesbriefe – gab ihnen das Gefühl, wohlhabend zu sein. Sie verhielten sich wie Philanthropen. Und wissen Sie was: Larry und Belinda *sind* Philanthropen. Denn ihr Zehnter bewirkt viel Gutes in der Welt.

Eine meiner Klientinnen, Kathleen, legt die Hälfte ihres Einkommens für ihre spirituelle Weiterentwicklung zurück. Dieses Geld verwendet sie, um Kurse, Workshops und Seminare zu finanzieren, sich spirituelle Bücher und CDs zu kaufen oder entsprechende Reisen zu machen. Sie investiert so viel in ihr spirituelles Wachstum, dass es ihr Leben, aber auch ihre finanzielle Lage enorm verbessert.

Ich möchte Ihnen anheim stellen zu überlegen, ob Sie nicht auch den Zehnten abgeben wollen. Versuchen Sie es doch einmal. Schauen Sie, ob es Ihnen nicht auch sofort ein Gefühl von Wohlstand vermittelt, wenn Sie wohltätigen Einrichtungen, die Sie für unterstützenswert halten, Geld zukommen lassen. Indem Sie sich verhalten wie ein Philanthrop, werden Sie einer.

Übungen

Überdenken Sie die folgenden Fragen, und notieren Sie sich Ihre Antworten in Ihr Tage- oder Notizbuch:

1. Was, glauben Sie, hält Sie wohl davon ab, Geld zu haben? Nennen Sie mindestens fünf Punkte.
2. Welche Ängste haben Sie in Bezug auf Geld? Benennen Sie wiederum mindestens fünf.
3. Was für ein Gefühl haben Sie, wenn Sie Ihre Rechnungen in der Hand halten? Und welche, wenn Sie Ihr Geld in die Hand nehmen?
4. Wie fühlen Sie sich beim Geldausgeben?
5. Nehmen Sie Bargeld oder lieber eine Kredit- oder EC-Karte?
6. Falls Sie die Kreditkarte bevorzugen, achten Sie bitte darauf, ob Sie das, was Sie damit gekauft haben, auch wirklich brauchen. Das hilft Ihnen, sich finanziell nicht zu verausgaben. Fragen Sie sich: Bringt mich das voran? Muss ich diese Reise wirklich machen? Brauche ich diese neuen Kleidungsstücke überhaupt?

7. Spenden Sie Geld für gute Zwecke, also für Ziele und Menschen, die Ihrer Gabe würdig sind. Notieren Sie sich alle Wohltätigkeitsorganisationen, die Ihnen zusagen und die Sie finanziell unterstützen möchten.
8. Suchen Sie sich alle sechs Monate eine Organisation aus, und spenden Sie. Schreiben Sie einen Scheck aus, oder spenden Sie in bar. Lassen Sie sich eine Quittung ausstellen.
9. Versuchen Sie irgendetwas oder irgendjemanden mit Geld zu kontrollieren? Wenn ja, schreiben Sie es auf. Notieren Sie sich auch, warum Sie es tun.
10. Angenommen, Sie würden die wohlhabende, reiche Person werden, die Sie gern wären, für wen könnte das eine Bedrohung sein? Wer würde sich unter Umständen von Ihnen abwenden?
11. Wie fühlen Sie sich bei dem Gedanken, Sie würden Ihren Arbeitgeber oder Chef um eine Gehaltserhöhung bitten? Aktivieren Sie dann Ihre ganze Entscheidungskraft. Sie entscheiden sich dafür, immer genug Geld zu haben. Entscheiden Sie sich, nie einem anderen Menschen oder den Umständen die Schuld an Ihrer finanziellen Lage zu geben.

AFFIRMATIONEN

Wiederholen Sie die folgenden Affirmationen schriftlich oder mündlich:

1. Ich bin ein Geldmagnet.
2. Ich mag Geld und nehme gern welches ein.

3. Ich gebe mein Geld gern klug aus.
4. Für alles, wozu ich mich entscheide, habe ich immer genügend Geld.
5. Ich liebe Geld, und das Geld liebt mich.
6. Je mehr Geld ich mit meiner Familie und meinen Freunden teile, desto mehr bekomme ich.
7. Ich vertraue darauf, dass meine Geldvorräte unerschöpflich sind.
8. Ich vergebe mir alle Geldprobleme und lasse nur noch das Beste zu.
9. Ich habe keine Außenstände und keine Schulden.
10. Ich bin jetzt ein spirituelles Wesen und ein wohlhabendes, reiches Individuum.

9

Leben Sie im Dienst der Spiritualität

Wir hatten jetzt schon genug Gelegenheiten, uns vor Augen zu führen, dass der Wahn der Trennung keine Bedeutung mehr hat, sobald wir spirituell leben. Durch Vergebung und Wiedergutmachung haben wir uns wieder bewusst mit der Universellen Quelle verbunden. Wenn wir spirituell leben, wissen wir, dass wir nicht isoliert sind, sondern betrachten uns als einzigartige Ausdrucksform der einen Universellen Quelle. In dieser bewussten Verbundenheit finden wir auch auf höherem Niveau Zugang zu den anderen Ausdrucksformen des Lebens. Das zeigt sich, wie wir bereits gesehen haben, an einer besseren Intuition, an mehr Einfühlungsvermögen und Anteilnahme sowie an tiefstem motivierendem Mitgefühl. Wenn wir spirituell leben, öffnet sich unser Herz auf ganz neue Weise für die Erfahrungen unserer menschlichen Reisegefährten; wir sind so auf sie eingestimmt, dass wir ihre Freude und ihren Schmerz mitempfinden, ihre Erfolge wie auch ihre Bedürfnisse, denn wir sind uns bewusst, dass wir in gewissem Maße ineinander übergreifen. Wenn wir erst einmal spirituell leben, werden viele von uns ihre Erfüllung darin finden, den Dienst am Mitmenschen aufzunehmen.

Das »höhere« Bewusstsein

Im höheren Bewusstsein der Spiritualität sehen wir das Leben im größeren Maßstab. Das Wörtchen »hoch« trifft es hier genau, denn je mehr wir uns über die Erde erheben, desto größer wird das Panorama, das wir überblicken können. Das gilt sowohl wörtlich als auch im übertragenen Sinne. Astronauten können bewegende Geschichten darüber erzählen, wie der Blick, den sie vom Weltraum aus auf die Schönheit und Verwundbarkeit unseres »blauen Planeten« werfen konnten, ihr ganzes Leben verändert hat.

Navy Captain Dr. Edgar Mitchell von der Apollo 14 war als sechster Mensch auf dem Mond. Als er durch den Raum auf die Erde zurückflog, überkam ihn ein so intensives Gefühl universeller Verbundenheit, dass ihm klar wurde, dass sein Leben nie mehr so sein würde wie früher. Intuitiv spürte er, dass er, seine Mitreisenden und die Erde selbst auf irgendeine Weise ein und dasselbe Bewusstsein teilten. Nach seiner Rückkehr gründete Mitchell das Institut für Noetische Wissenschaft (Institute of Noetic Science, IONS), eine weltweite Wissensgesellschaft, in der Bewusstsein, Spiritualität und Liebe im Mittelpunkt des Lebens stehen. Der Zweck dieses Institutes besteht darin, »das Bewusstsein für das Erwachen der Welt zu erkunden – wo wir gemeinsam unserem individuellen und kollektiven Potenzial nachspüren und es auszubauen lernen, durch bahnbrechende Forschungen, persönliche Studien und Lerngemeinschaften«.

Die Geschichte vom Erwachen Dr. Mitchells ist vielleicht etwas dramatischer als andere, aber dennoch ist sie nur eine unter Millionen von Geschichten über Menschen, die begonnen haben, spirituell zu leben. Wir bewerten unser Leben und die Verpflichtungen, die wir eingehen, noch einmal ganz neu. Viele von uns werden sich genau wie Dr. Mitchell dafür entscheiden, ihre Energie und Arbeitskraft darauf zu verwenden, die Erfahrungen der Spiritualität zu vertiefen und zu verbreiten – damit sie für andere leichter zugänglich werden und zugleich auch für uns selbst weiter an Bedeutung gewinnen.

Das ist einer der wundersamen Aspekte des spirituellen Lebens. Wir machen die Erfahrung einer persönlichen Verbindung mit der gesamten Menschheit und fühlen aufgrund dieser Verbindung den Wunsch, unser Können und unsere Energie in den Dienst anderer Menschen zu stellen. Jeder von uns hat eine tiefe, persönliche, beständige Verbindung zu seinen Lieben. Auf eine ganz ähnliche Weise beginnen wir jetzt auch mit allen anderen Menschen mitzuschwingen, mit den Brüdern und Schwestern unserer ganzen Menschenfamilie. Das heißt nicht, dass wir unseren Job als Astronaut oder Geschäftsfrau an den Nagel hängen sollen; ich glaube vielmehr, dass es automatisch dazu führt, dass wir unsere spirituellen Kompetenzen mehr in den Beruf einbringen. Was wir auch tun, es geschieht bewusster, mit mehr Achtsamkeit und Mitgefühl gegenüber den Menschen, mit denen wir in Kontakt stehen.

Das liegt daran, dass wir uns größerer Potenziale bewusst werden, sobald wir spirituell leben. Damit gehen möglicherweise auch größere Verantwortungen einher, wir empfinden sie aber nicht als von außen aufoktroyiert. Nein, wir fühlen uns eher seelisch verpflichtet, Brüdern und Schwestern zu helfen, die unserer Hilfe bedürfen. Der Ursprung für diese

Tendenz, uns nützlich machen zu wollen, mag als bewusster Geschwisterdienst vereinfacht werden, die Art und Weise aber, wie wir ihr nachgehen, kann zu großen und komplexen Veränderungen führen, wie wir es bei Dr. Mitchell gesehen haben, der vom Apollo-Astronauten zum Begründer einer spirituellen Organisation wurde. Jetzt, da Sie beschlossen haben, spirituell zu leben, können Sie sich auf viele unglaublich spannende Chancen freuen.

Gehen Sie in die Tiefe!

Ich persönlich habe erfahren, was es heißt, intensiv in den spirituellen Dienst zu treten. Am Anfang des Buches habe ich schon einmal kurz erzählt, wie es dazu kam, dass ich spirituell lebe. Darauf möchte ich jetzt noch einmal zurückkommen.

Ich war schon immer Dienstleister; zunächst als persönlicher Assistent verschiedener Hollywood-Schauspieler und -Berühmtheiten, später als Agent und Manager. Dann fuhr ich nach Paris, das mir so vertraut vorkam, als hätte ich früher schon einmal dort gelebt. Plötzlich begannen sich merkwürdige Dinge zu ereignen. Als ich in einem Nachtclub ein Lied aus *Grease* sang (in diesem Musical war ich in Los Angeles aufgetreten), führte das zu meiner großen Überraschung dazu, dass mir ein Plattenvertrag angeboten wurde. Danach hatte ich das Gefühl, dass ich mich jetzt richtig in Paris niederlassen konnte. Ich flog nach Los Angeles zurück, löste meine Firma auf und fuhr voller Vorfreude schnellstmöglich wieder nach Frankreich.

Als Erstes rief ich meine Plattenfirma an – und erfuhr, dass der Vertrag geplatzt war. Ich war am Boden zerstört. Meine ganze Hoffnung auf Erfolg und Sicherheit hatte sich zerschlagen. Ich geriet in Panik, suchte verzweifelt nach innerer Führung. Dann besuchte ich drei Wochen lang täglich Notre-Dame und betete um ein Zeichen, was ich tun solle. Am dritten Tag der dritten Woche hatte ich eine Vision. Ich saß in der ungewöhnlich leeren Kirche allein auf einer Bank und fühlte mich plötzlich veranlasst, den Blick nach oben zu richten. Von der Decke der Kathedrale kam ein schillernder Wirbel purpurnen Lichts auf mich herab, und aus den Augenwinkeln sah ich sieben Engel, die um mich herumtanzten. Sie wirbelten umher und sprachen auf telepathischem Wege mit mir. Sie versicherten mir, es sei vollkommen richtig gewesen, nach Frankreich zu kommen, und ermunterten mich, das Vertrauen nicht zu verlieren. Dann zeigte sich mir mein Schutzengel, Erzengel Michael, und nannte mir seinen Namen. Immer wieder versicherte er mir, dass alles in Ordnung sei. Seine Engelsenergie war erstaunlich: warm, lebhaft, stark, sie umfing mich mit ruhiger Sicherheit.

Danach ging ich zurück in meine Wohnung. Das Telefon klingelte. Ein Freund bot mir eine kostenlose Wohnmöglichkeit an. Auch der Rest meines Parisaufenthaltes bestand aus einer Reihe kleiner Wunder. Ich begriff, dass ich in Frankreich war, um den Erzengel Michael zu treffen und mich auf meine Lebensaufgabe vorzubereiten: Heilung, Freude, Erfüllung, Beratung, Sinn und Liebe zu verbreiten und anderen Menschen dabei zu helfen, spirituell zu leben und ihr Bewusstsein zu erweitern.

Und hier bin ich nun und erzähle Ihnen etwas von Dienstleistungen. Den größten Teil meines früheren Berufslebens hatte ich schon im Service gearbeitet, aber heute stehe ich im Dienst unserer Spiritualität. Die Beziehungen, die ich zu meinen Klienten und Seminarteilnehmern habe, gehen in die Tiefe, sind intensiv und beruhen auf Intuition. Da ich sehr spirituell lebe, habe ich Zugang auch zu den ganz elementaren Ebenen von Einfühlungsvermögen und Mitgefühl; beides inspiriert mich, anderen zu helfen, befähigt mich aber auch, intuitiv zu erfassen, auf welche Weise ich jeweils am hilfreichsten wirken kann.

Je vertrauter Ihnen die Spiritualität wird, desto besser können Sie Ihre Ziele benennen, so handeln, »als ob«, und am Ball bleiben, um sich ein Leben zu gestalten, wie Sie es sich wünschen. Diese praktischen Fähigkeiten schaffen die Voraussetzungen dafür, dass Ihr Leben so funktioniert, wie Sie es gern hätten. Je länger und bewusster Sie spirituell leben, desto besser wird es.

Große Aufgaben

Meiner Erfahrung nach sind Menschen, die langfristig spirituell leben, geradezu berufen, große Dienstleister zu werden. Das ist keine Voraussetzung, es scheint aber so zu sein. Sobald Sie sich die Liebesbeziehung und die berufliche Perspektive aufgebaut haben, die Sie sich wünschen – und auch das Auto und all die anderen Äußerlichkeiten besitzen, die Sie gern hätten –, werden Sie merken, dass Sie anfangen, nach größeren und bedeutsameren Aufgaben zu suchen.

Dann glauben Sie fest daran, dass Sie alles erreichen können, und wollen tatsächlich dem Hunger in der Welt ein Ende bereiten und Frieden auf Erden schaffen. Sie werden sich so auf die Bedürfnisse anderer Menschen einstellen – auf Freunde und Bekannte, Menschen überhaupt, auf die ganze Welt –, dass Sie den Antrieb spüren, sich ganz in den Dienst der Spiritualität zu stellen.

Wenn Sie spirituell leben, werden Sie schnell begreifen, dass Knappheit eine Illusion ist. Knappheit – die Grundlage unseres Weltwirtschaftssystems und eine der wichtigsten Ursachen für Auseinandersetzungen, Kriege, Leid, Hunger und Tod – ist eine *Illusion*. Eine Illusion außerhalb der Spiritualität, wo man gemeinhin glaubt, dass man selbst umso weniger besitze, je mehr andere haben. Spirituell ist das einfach nicht wahr. Erstens, weil die Quelle unerschöpflich ist; wir können unbeschränkt alles erschaffen. Und zweitens gibt es in Wirklichkeit gar keine Trennung zwischen Ihnen und mir. Wir alle sind Teil des Universellen Bewusstseins, genau so, wie es Edgar Mitchell bewusst wurde, als er nach seinem Spaziergang auf dem Mond zur Erde zurückraste. In Wirklichkeit habe ich umso mehr, je mehr Sie haben – denn wir sind eins. Wenn wir spirituell leben, empfinden wir dieses Einssein ganz intuitiv. Dann begegnen wir dem Leben nicht länger vom Standpunkt eines isolierten, losgelösten Ichs, sondern identifizieren uns mit dem Ganzen, von dem wir ein Teil sind.

Haben Sie schon einmal mit einem Hologramm gespielt? Wenn Sie es zerschneiden oder zerbrechen, werden Sie feststellen, dass jedes einzelne Teilchen das Gesamtbild des früheren Ganzen enthält. So können Sie sich Ihren Anteil am gesamten Leben vorstellen. Als tief und spirituell bewusst verbundener Teil des Lebens wird unser Selbstbild so erweitert, dass es alles Leben mit einschließt. Deshalb entsteht unser Eigeninteresse aus der Erfahrung des Einsseins: Was für Sie gut ist, dient von Natur aus auch meinen Interessen. Einfach ausgedrückt: Je mehr ich für Sie von Nutzen sein kann, desto mehr Erfüllung finde ich. Da ich mich nicht länger mit der Knappheit identifiziere, kostet es mich nichts, Ihnen zu dienen, es kommt mir höchstens zugute. Es erfüllt mich. Anderen zu dienen wird mir zu einem ganz selbstbezogenen Bedürfnis. Wie finden Sie das?

Ich könnte Ihnen unzählige Beispiele von Menschen nennen, die sich ihrer höchsten Bestimmung bewusst geworden sind, seit sie spirituell leben. Am Anfang haben wir schon einmal von Mutter Teresa, Gandhi und dem Heiligen Franziskus gesprochen. Menschen wie diese nennt man gemeinhin Heilige. Sie haben aber nur in ihrem ureigenen spirituellen Interesse gewirkt. Es waren Menschen mit einem hoch entwickelten Bewusstsein, die ihr ganzes Leben lang nach persönlicher Erfüllung strebten – und die bestand darin, dem Einen Geist zu dienen. Die populäre Kultur, also die, die außerhalb der Spiritualität vorherrscht, sah in Mutter Teresa eine Art außergewöhnlich opferbereiter Superwoman. Was aber hätte Mutter Teresa in ihrer spirituellen Bewusstheit mehr Befriedigung verschaffen können als die Linderung des Leidens ihrer Brüder und Schwestern? Ihre Heiligkeit entstammt der Klarheit über das Einssein allen Lebens.

Erinnern Sie sich noch an meine Klientin Sarah, die Erzieherin, von der ich Ihnen im dritten Kapitel erzählt habe? Sarah ist ein alltägliches Beispiel für eine Frau, die ihr Leben in den Dienst am Menschen stellt, seit sie spirituell lebt. Sie fühlte sich berufen, mit kleinen Kindern zu arbeiten. Abgesehen von ihren Erfahrungen als zweifache Mutter war sie dafür praktisch nicht qualifiziert. Und dennoch fühlte sie sich berufen. Sarah hatte viel spirituell gearbeitet – gelesen, Yoga praktiziert, meditiert. Sie hatte ihr Bewusstsein erweitert und war sich in hohem Maße der Tatsache bewusst geworden, dass ihr Leben aus einer Reihe von Entscheidungen bestand, die achtsam zu treffen waren. Vor ihrer Babypause hatte Sarah als Konditorin in einem schicken Restaurant in San Francisco gearbeitet. In der Gastroszene genoss sie einen so guten Ruf, dass sie sogar das Angebot bekam, ein Kochbuch über Desserts zu schreiben. Als sie zum ersten Mal schwanger wurde, hörte sie auf zu arbeiten und stellte sich vor, eines Tages wieder in ihren alten Beruf einzusteigen. Davon ging sie auch noch während ihrer zweiten Schwangerschaft und in den ersten Lebensjahren ihrer Kinder aus.

Eines Morgens, ihr erstes Kind ging schon in die Schule, hatte Sarah beim Aufwachen das dringende Bedürfnis, mit kleinen Kindern zu arbeiten. Sie beschreibt es wie ein sicheres inneres Wissen, so, als wäre es schon immer da gewesen, sie hätte es nur nie bemerkt. Das war im Frühling. In Sarahs Nachbarschaft gab es eine Vorschule, der sie einen Besuch abstattete. Sie wusste nicht viel über sie, hatte aber von Freundinnen, deren Kinder dort hingingen, nur Gutes gehört. Sie folgte einfach einem Impuls und hielt auf dem Nachhauseweg vom Einkaufen davor an. Als sie gerade das Gebäude betreten wollte, traf sie die Leiterin der Vorschule und sagte – was sie selbst überraschte – ganz ehrlich, wie es war. Sie sei am Morgen mit dem Gefühl aufgewacht, dass sie bald mit kleinen Kindern arbeiten würde. Sarah entschuldigte sich für ihre Spontaneität, fragte aber trotzdem, ob sie sich die Schule einmal anschauen und sich im September vielleicht auch für eine Assistenzstelle bewerben dürfe. Die Leiterin war ziemlich überrascht. Sie sagte Sarah, gerade an diesem Morgen hätte eine Assistentin gekündigt. Ob sie vielleicht Lust hätte, am kommenden Montag anzufangen?

Solche Dinge geschehen, wenn Sie in Einklang mit Ihrer persönlichen Wahrheit kommen. Das Universum wartet schon, dass Sie endlich die Tür aufmachen. Sarah begann tatsächlich am darauffolgenden Montag, und schon im September wurde sie in einer anderen Vorschule leitende Erzieherin. Sarah erklärte mir, dass sie sich geradezu genötigt sieht, mit kleinen Kindern zu arbeiten, für die die Inkarnation im Menschenleib noch etwas ganz Neues ist. Sie spürt, dass sie ihre Verwirrung bei der Eingewöhnung in die materielle Welt verstehen und sie trösten kann, indem sie ihnen als spirituellen Wesen begegnet und dafür sorgt, dass sie wahrgenommen, gewürdigt und verstanden werden. Sarah ist fest davon überzeugt, dass die Kinder, die sie heute unterrichtet, sie gerufen haben. Sie hat das Gefühl, sie hätte einen spirituellen Vertrag mit ihnen geschlossen, dass sie sie in Empfang nehmen, trösten und lehren würde, wenn sie mit fünf den kuscheligen Schoß ihrer Familie verlassen und als Vorschulkinder in die Welt hinaustreten würden.

Sarah steht jeden Morgen sehr früh auf, meditiert über ihre Kinder, geht dann zur Schule und bereitet sich, nachdem ihre eigenen Kinder im Bett sind, noch bis spät in die Nacht auf den nächsten Tag vor. Bevor sie sich schlafen legt, meditiert sie über jedes ihrer Kinder. Sie arbeitet extrem viel, empfindet das aber keineswegs als Opfer, sondern hat das Gefühl, dass sie einfach nur ihren Dienst tut, weil sie in den Kindern ihrer Gruppe erhabene spirituelle Wesen sieht, die auf die Erde gekommen sind, um etwas zu verändern. Sarah ist von der Chance fasziniert, diesen jungen Menschen spirituell zu begegnen und ihnen einfach durch ihre liebevolle Präsenz zu beweisen, dass es Spiritualität auch in der Erwachsenenwelt gibt und dass sie darauf vertrauen können. Für Sarah ist es eine Ehre, diesen Kindern nützlich sein zu dürfen. Sie hofft, dass ihre Präsenz den kleinen Menschen die Sicherheit gibt, ihr höchstes spirituelles Ich gefahrlos in die materielle Wirklichkeit zu retten.

Durch ihr bewusstes spirituelles Engagement ermöglicht Sarah es den Kindern, an ihrem spirituellen Bewusstsein festzuhalten, das sie in diese Inkarnation mitgebracht haben. Alle Menschenseelen sind erhaben, wenn sie in diese Welt kommen, dann aber werden wir durch die unbewusste Erwachsenengesellschaft verwundet, klein gemacht und geschwächt. Dank Sarahs Führung werden sich ihre Vorschulkinder nicht so weit von der spirituellen Wahrheit entfernen müssen wie die meisten von uns, die erst mit dreißig, vierzig, fünfzig oder sechzig den Weg zurück finden. Stellen Sie sich vor, welche Auswirkungen es auf die Welt hätte, wenn alle Vorschulkinder wie spirituelle Wesen behandelt würden und an ihrem spirituellen Bewusstsein festhalten dürften. Stellen Sie sich eine ganze Generation junger Menschen vor, die spirituell bewusst aufwachsen, eine Generation, die nicht die Entfremdung dieser wahnhaft materialistischen Welt erleiden muss. Diese Kinder – Sarahs Vorschulkinder – sind die Führungskräfte der Zukunft. Sie werden im Wissen um ihre

Berufung als Diener des Universellen Geistes aufwachsen. Das ist die großartige Zukunft unserer Kinder und Enkelkinder. Sarah ist berufen, diese Vision zu verbreiten. Kein Wunder, dass ihr der Dienst, den sie leistet, so viel Freude macht.

Freude ist ein erfrischender Ausdruck unseres kreativen spirituellen Wesens, eine Kraft, die Ihre Wünsche zu Magneten werden lässt. Freude ist von Natur aus attraktiv, sie bringt die Unterstützung der Gemeinschaft mit sich. Sarahs Vorschulkinder sind kleine Freudenwesen, deren Wünschen gern entsprochen wird, weil ihre Energie so anziehend wirkt. Ihre Kraft ist unwiderstehlich. Von Sarah, ihrer Dienerin, beschützt, gehen sie von ganzem Herzen davon aus, dass die Welt sie lieben wird.

Selbstliebe als Dienstleistung

Wenn Babys auf die Welt kommen, sind sie bereit, sich zu lieben. Erst die schlechten Erfahrungen in einer feindseligen, materialistischen Welt berauben sie der angeborenen Fähigkeit zur Selbstliebe. Das hat enorme Auswirkungen. Ich glaube nicht, dass wir jemand anderen mehr lieben können als uns selbst. Und wie sehr wir uns selbst lieben können, bestimmt auch das Maß, in dem wir andere lieben können. Genau wie der Dienst am Menschen ist auch die Liebe kein Akt der Selbstaufopferung. Liebe ist keine Mangelware, Liebe ist unerschöpflich. Je mehr Liebe wir geben, desto mehr bekommen wir auch. Je mehr wir davon haben, desto mehr ziehen wir an. Denken Sie nur an die Liebe, die Sarah von ihren einundzwanzig Seelchen zurückerhält. Oder an die Liebe, welche die Armen von Kalkutta Mutter Teresa und die von Assisi dem Heiligen Franziskus oder die Massen in Indien Gandhi entgegenbrachten. Die Liebe war der Lohn, den sie für ihre lebenslangen Dienste erhielten.

Denken Sie an Führer der Welt, die sich dem selbstlosen Dienst widmen. Ich kann Ihnen versichern, dass die Friedensnobelpreisträger Jimmy Carter, Nelson Mandela, Mutter Teresa und der Dalai Lama sich selbst liebten und lieben. Genau wie Martin Luther King. Keiner von ihnen hat sein Leben aufgrund von Schuldgefühlen als Buße in den Dienst seiner Mitmenschen gestellt oder weil er auf Ruhm aus war und sein Ego streicheln wollte. Sie alle wurden von ihrem höheren Bewusstsein zu diesem Dienst berufen. Aufgrund ihrer Entscheidung für den spirituellen Pfad der Nächstenliebe leben sie in einer Atmosphäre der Liebe und Dankbarkeit. Je mehr sie sich selbst lieben, desto mehr Liebe können sie durch ihren Dienst auch an andere weitergeben. Je nützlicher sie sich machen, desto mehr haben sie das Gefühl, ihrem Lebenszweck zu entsprechen.

Ich möchte Sie bitten, sich der Möglichkeit zu öffnen, dass auch Sie sich berufen fühlen könnten, Ihre Erfüllung im Dienst am Nächsten zu suchen, sobald Sie spirituell leben. Das soll nicht heißen, dass Sie Ihren aktuellen Beruf oder Ihre Interessen aufgeben müssen – es könnte aber gut sein, dass Sie Verpflichtungen, die Sie schon lange haben, durch diesen Geist der spirituellen Dienstleistungsbereitschaft ganz anders ausfüllen werden. Dadurch, dass Sie sich angewöhnen, sich stets zu fragen, wie Sie in jeder Situation liebevoll zu Diensten sein können, teilen Sie die hohe spirituelle Energie der Spiritualität mit allen Menschen, denen Sie begegnen. Spüren Sie dann, wie Ihre Fähigkeiten sich vertiefen und ausweiten. Spüren Sie, wie Ihr Selbstwertgefühl erblüht und Sie sich immer erfüllter fühlen. Und spüren Sie die Liebe, die in Ihr Leben strömt.

ÜBUNGEN

Lassen Sie sich die folgenden Fragen durch den Kopf gehen, und schreiben Sie die Antworten in Ihr Tage- oder Notizbuch:

SCHRITT EINS

1. Was würden Sie mit Ihrem Leben anfangen, wenn Sie ganz genau wüssten, dass Sie nichts falsch machen könnten?
2. Was würden Sie tun, wenn Geld keinerlei Rolle spielen würde?
3. Was würden Sie tun, wenn Sie garantiert von niemandem beurteilt würden?
4. Haben Sie das Gefühl, Ihr Leben in den Sand gesetzt zu haben?
5. Was würden Sie wirklich gern tun?

SCHRITT ZWEI

1. Wie empfinden Sie Ihr Leben und sich selbst?
2. Wie nehmen andere Sie wahr?

3. Mein aktuelles Leben ist ______________.
4. Meine finanzielle Situation ist ______________.
5. Das Wichtigste in meinem Leben ist ______________.
6. Wo würden Sie sich auf einer Skala von 1 bis 10 einordnen?
7. Und warum?

Davon, dass Sie schriftlich antworten, verspreche ich mir, dass Sie beginnen, Ihre Überzeugungen zu überdenken und zu verändern. Ihr Ego wird versuchen, sich in den Vordergrund zu schieben, und vielleicht bekommen Sie auch Angst.

Die Handlungsschritte sollen dazu dienen, dass Sie sich intensiv mit Ihren Antworten auseinander setzen.

8. Fangen Sie dann noch einmal von vorn an. Jetzt verbinden Sie Ihre Antworten mit Zielen. Antworten Sie voller Liebe und Wahrheit.

SCHRITT DREI

1. Ich empfinde mich, wie andere mich auch empfinden, als ______________.
2. Mein Leben ist ______________.
3. Meine Finanzen sind ______________.
4. Das Wichtigste in meinem Leben ist ______________.
5. Ich stufe mich als ______________ ein.

Glückwunsch! Sie haben den Lebenszweck Ihrer Seele mit Ihrem wahren Ich in Übereinstimmung gebracht.

Wiederholen Sie die folgenden Affirmationen schriftlich und mündlich:

1. Es ist völlig in Ordnung, dass ich andere liebe und sie akzeptiere.
2. Ich bin wertvoll und habe alles Gute verdient.
3. Ich löse mich von den Fesseln des Ressentiments und befreie mich von allen, die meine Vision nicht unterstützen.
4. Ich übe keine Herrschaft durch Schuldgefühle aus.
5. Ich akzeptiere mich dafür, dass ich genau da bin, wo ich sein muss.
6. Ich würdige mich selbst und alle anderen in großer Liebe.
7. Ich habe keine Schuldgefühle und schäme mich für nichts.
8. Ich vertraue darauf, dass das Universum für vollständige Klarheit in meinem Leben sorgt. Jetzt!

10

Visualisieren Sie das Leben, das Sie sich wünschen

Wenn Sie spirituell leben, gehört das Visualisieren zu den wichtigsten Hilfsmitteln. Denn alles, was vor Ihrem inneren Auge entsteht, können Sie auch realisieren.

Von den fünf Sinnen, die der Mensch hat, ist das Sehvermögen der höchstentwickelte, auf den man sich auch am häufigsten verlässt. Wir denken in Bildern. Wir »sehen« die einzelnen Etappen unseres Italienurlaubs vor uns: den eleganten Schwung der Spanischen Treppe, den spektakulären Trevibrunnen, das Stückchen blauen Himmels, das durch das »Auge« im Dach des Pantheon zu sehen ist. Wir visualisieren auch die kleinsten Details in ungeheurer Farbigkeit. Von allen Möglichkeiten, die es gibt, ist das visuelle Lernen am weitesten verbreitet. Menschen, die vorwiegend visuell lernen, brauchen Diagramme, Illustrationen und Landkarten, um sich orientieren zu können. Sie denken in Bildern. Ihr Gedächtnis speichert Bilder. Sie erschaffen sich auch ihre Zukunft mit Hilfe von Bildern.

Visualisieren ist das wirksamste Mittel, ein Ziel zu erreichen. Je mehr Zeit wir darauf verwenden, uns eine Szene oder ein Bild vorzustellen, desto klarer werden die Einzelheiten. Je präziser wir etwas vor uns sehen, desto besser können wir unsere Visualisierung auch in der Wirklichkeit verankern. Die Visualisierung hilft uns, das »Was«, das wir uns wünschen, in allen Einzelheiten zu bestimmen, und gibt dem Universum die Richtung an, die es einschlagen soll, wenn es sich um das »Wie« kümmert.

Eine Bildergeschichte

Anhand der folgenden Übung können Sie sich selbst davon überzeugen, welche Kraft einer wirkungsvollen Visualisierung innewohnt. Stellen Sie sich vor, Sie gehen eine menschenleere schmale Landstraße entlang. Keine Autos. In großer Entfernung ist links auf einer Anhöhe ein Gebäude zu sehen. Beim Näherkommen stellen Sie fest, dass es sogar zwei Gebäude sind. Noch ein paar Schritte, und Sie bemerken, dass es sich bei dem, das Ihnen am nächsten ist, um ein Haus handelt. Dahinter befindet sich eine Scheune, ursprünglich war sie einmal rot gestrichen, heute hat sie die Farbe verwitterter Ziegel. Das Haus ist eingeschossig und aus blankem ungestrichenem Holz. Es hat eine überdachte Veranda, auf die ein paar breite Stufen führen. Sie bemerken, dass sich auf der Veranda etwas rhythmisch bewegt. Eine Hollywoodschaukel vielleicht? Oder ein Schaukelstuhl? Eine kleine Staubwolke steht über dem schmalen Weg, der zur Straße führt. Sie versuchen zu erkennen, was den Staub aufgewirbelt hat. Ein Auto sehen Sie nicht. Vielleicht ein Fußgänger? Ein Radfahrer? Nach einigen weiteren Schritten haben Sie den Eindruck, dass es sich um ein Pferd handeln könnte. Aber nein, es ist ein Hund, ein großer brauner Hund. Vielleicht eine dänische Dogge? Nein, eher irgendein Jagdhund. Sie hören ein leises Bellen, und ein Rollladen wird geöffnet. Jemand guckt aus dem Fenster, schaut erst den Hund an, dann zu Ihnen hinüber und schließlich zur Straße hin, die von einem alten Zaun gesäumt wird, der ein struppiges Feld mit reifem Mais begrenzt. Die Haustür ist efeugrün gestrichen. Die Farbe sieht noch ganz frisch aus, ein fröhlich leuchtender Kontrast zu den farblosen Außenwänden aus Zedernholz, dem braunen Feld, der unbefestigten Auffahrt, dem braunen Hund, dem Staub. Da hat jemand bewusst einen grünen Akzent gesetzt. Das auf der Veranda ist tatsächlich ein Schaukelstuhl, der sanft vor- und zurückschwingt. Sitzt jemand darin? Schon, aber die Person liegt eigentlich mehr. Sie gehen ein bisschen näher heran und stellen fest, dass es sich um ein kleines Mädchen handelt. Es trägt ein einfaches Kleid, liegt auf dem Schaukelstuhl, ein Fuß hängt unbestrumpft herab, gelegentlich stößt es sich mit den Zehen vom Boden ab. Sein strohblondes Haar trägt das Mädchen zu einem widerspenstigen Zopf geflochten. Eine gescheckte Katze liegt auf dem Geländer der Veranda. Neben dem Schaukelstuhl steht ein altes Dreirad mit roten Schutzblechen, außerdem liegt da ein kleiner Stapel Zeitungen. Auf dem Fußboden steht ein blassgrünes Trinkglas. Sie malen sich aus, dass die Person, die den Rollladen geöffnet hat, vorher auf der Veranda gesessen, Zeitung gelesen und Eistee getrunken hat.

Sie stehen jetzt auf der Auffahrt, gehen die kleine Anhöhe hinauf. Der Hund befindet sich nun ganz in Ihrer Nähe, er hat das Bellen eingestellt und wedelt mit dem langen Schwanz. Sie lassen ihn an Ihrer Hand schnüffeln, dann kraulen Sie ihn hinter den Ohren. Jetzt sind Sie Freunde. Er trägt kein Halsband. Seine Schlappohren sind seidenweich. Vielleicht ist es ein Rhodesian Ridgeback. Die Auffahrt wird von vertrockneten Sonnenblumen gesäumt, die aus Scham über ihre verlorene Schönheit die samenschweren Köpfe hängen lassen. Der Hund geht neben Ihnen her. Sie fühlen sich nicht unerwünscht. In einer Eiche zu Ihrer Rechten baumelt eine Schaukel aus einem alten Autoreifen. Das Mädchen richtet sich in seinem Schaukelstuhl auf. Sie winken ihm zu, und es nimmt den Daumen aus dem Mund, hebt vorsichtig die Hand, begrüßt Sie mit einem zurückhaltenden Lächeln.

Durch ungepflegtes Gras führt ein Plattenweg auf die Stufen zur Veranda zu. Rechts auf der mittleren Stufe steht ein Topf mit orangefarbenen Ringelblumen. Daneben eine leere Müslischüssel mit einem Löffel darin. Das Mädchen kommt auf Sie zu. Es ist noch klein, vielleicht fünf Jahre alt. Es hat blaue Augen, und seine Wangen sind voller Sommersprossen. Das Kleidchen, das es trägt, ist hellgelb und in der Taille gerafft. Am linken Knie des Mädchens sehen Sie ein wenig Schorf, und auf der rechten Wange zeichnet sich das Muster des Schaukelstuhles ab. Weil es das Bedürfnis hat, etwas in der Hand zu halten, greift das Kind nach der Katze, die sich zufrieden in seine Armbeuge kuschelt. Sie bemerken, dass das Mädchen ein Grübchen am Ellbogen hat. Die Katze springt von seinem Arm herunter und huscht die Stufen der Veranda herab. Sie reibt sich am linken Bein Ihrer Khakihose. Das Mädchen hebt die Arme, möchte Sie umfangen und herzlich willkommen heißen.

Ich benutze diese Bildergeschichte gern, um zu demonstrieren, wie viel lebendiger eine Szene wird, je mehr man sie ausschmückt. Ausgehend von einem schemenhaften, weit entfernten Bauernhaus auf einem Hügel, gerät unsere Visualisierung allmählich zu etwas ganz Besonderem. Durch die Details, die wir hinzufügen, während wir uns nähern, wird die Szene auf einzigartige Weise lebendig: die vertrockneten Sonnenblumen, die efeugrüne Tür, der Schorf am Knie des Mädchens. Dies ist der Schlüssel zur effektiven Visualisierung Ihrer Ziele. Je präziser und detaillierter wir uns ausmalen, was wir uns wünschen, desto besser kann die Universelle Energie allen Details unserer Vorstellung Leben einhauchen.

Ihr Leben als eine leere Leinwand

Stellen Sie sich vor, Sie wären ein Kind, das keinerlei Grenzen kennt. Stellen Sie sich ferner vor, ich hätte Ihnen alles Nötige zur Verfügung gestellt – Ölfarben, feine Pinsel und eine grundierte Leinwand – und würde Sie nun bitten, ein Bild von Ihrem Idealleben zu malen. Sie können darstellen, was immer Ihnen einfällt. Ihr Bild ist nur für Sie. Niemand wird es beurteilen. Aber was ist wohl darauf zu sehen?

Diese Leinwand haben Sie in jedem Moment Ihres Lebens vor sich und können damit anstellen, was immer Sie mögen. Die Wahl liegt ganz bei Ihnen. Der Pinsel verleiht Ihnen die Macht, sich das Leben zu erschaffen, das Sie ersehnen. Je mehr Sie in die Einzelheiten gehen, desto genauer benennen Sie die Details Ihres Wunschlebens. Je präziser, desto leichter wird es für die Universelle Energie, Ihr Bild zu beleben und es Wirklichkeit werden zu lassen.

Ich benutze das Malen als Metapher, Ihr Leben aber ist tatsächlich ein Kunstwerk. Es ist vollkommen einzigartig und gehört Ihnen ganz allein. Nur Sie können sich Ihr Leben ausmalen. Nur Sie können es erschaffen. Das ist sowohl eine unglaubliche Gabe als auch eine enorm große Verantwortung. Gestatten Sie sich auch wirklich, das zu erschaffen, wonach Sie sich sehnen?

Bewusst oder unbewusst sind Sie ohnehin ständig kreativ. Ist das Leben, das Sie heute haben, genau so, wie Sie es sich wünschen? Dann haben Sie allen Grund zu feiern. Sind Sie jedoch nicht hundertprozentig damit zufrieden, dann ist jetzt die Zeit gekommen, sich etwas Neues auszumalen. Ihre Leinwand und die Pinsel haben Sie. Wie hätten Sie es gern? Wen möchten Sie in Ihr Leben einladen? Was wollen Sie erschaffen? Die Auswahl ist grenzenlos, und es fehlt Ihnen nicht an Inspiration. Kommen Sie zur Ruhe, und hören Sie auf Ihre Herzenswünsche. Benennen Sie sie, und malen Sie sie sich in allen Einzelheiten aus.

Denken Sie an das Bild des kleinen Mädchens auf der Veranda des Bauernhauses. Machen Sie sich Ihr eigenes Bild von den Wünschen, die Sie in Bezug auf Ihr Leben haben. Natürlich wird es am Anfang noch sehr allgemein gehalten sein. Das ist völlig in Ordnung. Auch ein Maler beginnt mit ganz einfachen Formen. Das Geheimnis besteht darin, immer weiter an den Einzelheiten zu arbeiten. Bei der Visualisierung besteht Ihre Aufgabe darin, so ins Detail zu gehen, bis Sie auch mit den allerintimsten Feinheiten dessen, was Sie sich wünschen, vertraut sind. Dann ist Ihnen ganz klar, was Sie vorhaben, und Sie können es Schritt für Schritt in die Tat umsetzen. Denn solange Ihre Visualisierung noch nicht vollkommen eindeutig ist, können Sie gar nicht wissen, wie Sie sie umsetzen, dann bleiben Sie mittendrin stecken und kommen vom Weg ab.

Ihr Meisterwerk

Suchen Sie sich ein ruhiges Plätzchen. Visualisieren Sie einen Ort in Ihrem Herzen, der alles enthält, was Sie verdient haben zu erschaffen. Atmen Sie in diesen Raum, lassen Sie alle Bewertungen los. Nehmen Sie sich Zeit. Nachdem Sie diesen ganz speziellen Raum gefunden haben, an dem Sie sich wohl fühlen, und ein Momentchen dort geblieben sind, nehmen Sie wahr, was Sie in diesem Moment für sich erschaffen wollen. Danken Sie Ihrem Herzen, Ihnen diesen kreativen Raum gezeigt zu haben.

Stellen Sie sich dann vor, Sie seien in Ihrem idealen Atelier. Vielleicht ist es ein lichtdurchfluteter umgebauter Schuppen in Ihrem Garten. Es ist sonnig und angenehm warm. Im Hof draußen blubbert beruhigend ein kleiner Springbrunnen. Das Sonnenlicht fällt auf die Terrakottafliesen. Das ist Ihr idealer schöpferischer Arbeitsplatz. Ihre liebsten Malutensilien liegen griffbereit direkt vor Ihnen. Sie haben alles Werkzeug zur Verfügung, das Sie sich nur vorstellen können: Leinwände, Pinsel, die feinsten Farben und Öle, Holz, Metall, Papier, Wasser, Töpfermasse, Stoffe und so weiter. Während Sie hier in Ihrem idealen Kunstatelier so dastehen, atmen Sie in den Künstler, der Sie sind, den Schöpfer in Ihnen. Nehmen Sie jetzt in aller Ruhe einen langen, tiefen Atemzug.

Während Sie das Kunstwerk erschaffen, das verkörpert, was Sie in Ihrem Herzen gefunden haben, wissen Sie, dass es perfekt ist. Hauchen Sie Ihrem Kunstwerk Ihren Atem ein. Wenn es fertig ist, treten Sie einen Schritt zurück und nehmen seine Schönheit und Perfektion in sich auf. Denken Sie daran, dass Sie jederzeit in Ihr Atelier zurückkehren und immer weiter schöpferisch tätig sein können. Sie dürfen alles neu gestalten. Visualisieren Sie einen Gegenstand aus Ihrem Atelier, den Sie bei sich tragen können, wo immer Sie auch hingehen, einen Gegenstand, der Sie an Ihre künstlerische und kreative Energie erinnert, alles für sich zu erschaffen. Sie können visualisieren, dass Sie dieses Souvenir immer bei sich haben.

Sie sind nie allein

Seien Sie gewiss, dass Sie nie allein sind; in jeder Absicht, die Sie aufrichtig verfolgen, werden Sie so unterstützt und geleitet, wie Sie es sich nie hätten vorstellen können. Wenn Sie sich zu Ihrer Kreativität bekennen, weist Ihnen das Universum den Weg. Sie werden mit allem in Kontakt gebracht, was Sie benötigen, um den Plan, den Sie genau vor Augen haben, realisieren zu können. Bleiben Sie stets offen für die Hilfe, die Sie erhalten. Sie ist nicht immer sofort zu erkennen. Aber sie ist da. Vertrauen Sie darauf. Gestatten Sie, dass sich der Zauber entfaltet. Öffnen Sie sich der Gabe, durch Zufall interessante oder wertvolle Entdeckungen zu machen, öffnen Sie sich dem Wunder. Wunder geschehen. Überall und für Sie.

Mit den folgenden Übungen vollenden Sie den 10-Schritte-Prozess zur Erweckung Ihrer innersten Kraft. Ich möchte, dass Sie eine Visualisierungs-Checkliste erstellen. Sie können jederzeit auf diese Liste – oder einzelne Punkte darauf – zurückkommen, wenn Sie bestimmte Aspekte verstärken wollen.

1. Bei dieser Übung sollen Sie nicht – beziehungsweise nur wenig – schreiben. Ich möchte nur, dass Sie fühlen, vertrauen und sind. Stellen Sie sich selbst als eine leere Leinwand vor. Von mir haben Sie gerade einen Kasten mit schönen, erstklassigen Farben erhalten. Malen Sie damit im Geiste ein Bild von sich.
2. Schließen Sie die Augen, und denken Sie über die folgenden Fragen nach:
   - Wie sollte Ihr Leben sein?
   - Wie sollte es aussehen?
   - Wie würden Sie gern aussehen?
3. Seien Sie überzeugt, dass das alles möglich ist. Sie können es alles haben. Schreiben Sie auf: Ich nehme das jetzt alles an.
4. Schreiben Sie: Ich bin dankbar für all diese Segnungen und für die Erkenntnisse, die mein höheres Selbst empfängt.
5. Erinnern Sie sich an die beste Zeit Ihres Lebens. Schließen Sie dann die Augen, visualisieren Sie den entsprechenden Ort, Ihre Gefühle, die Menschen und Ereignisse – jetzt sofort.

6. Erinnern Sie sich an die Freude und das Glück, die Sie damals empfanden. Übertragen Sie dieses Gefühl dann auf Ihr aktuelles Alltagsleben.
7. Bevor Sie irgendwelche Handlungen unternehmen oder Entscheidungen treffen, fragen Sie sich:
   - Wozu wird das führen?
   - Ist es das wert?
   - Möchte ich es wirklich?
8. Beginnen Sie sich auf Ihre innere Stimme zu verlassen. Dass Sie sich selbst vertrauen, ist ein wichtiger Bestandteil unserer gemeinsamen Arbeit.
9. Beginnen Sie, aus Liebe und Mitgefühl heraus zu agieren. Bevor Sie irgendetwas tun, fragen Sie sich: Entstammt diese Handlung vielleicht meinem Ego? Oder meinem liebenden, mitfühlenden Ich? Warten Sie auf die Antwort – Sie werden sie erhalten. Nehmen Sie sie wahr, und akzeptieren Sie sie.

Affirmationen

Wiederholen Sie schriftlich oder mündlich die folgenden Affirmationen, kommen Sie auf die, die besonders in Ihnen widerhallen, immer wieder zurück:

1. Heute ist der erste Tag vom Rest meines Lebens.
2. Ich empfinde Dankbarkeit, Mitgefühl und Wertschätzung für jeden und alles in meinem Leben.
3. Ich lasse die wahre Liebe in mein Leben.
4. Ich erwarte nur Gefühle der Liebe, der Güte und des Mitgefühls.

5. Ich führe alle meine Projekte und Ideen zu Ende und werde mit unbeschränkten finanziellen Mitteln dafür belohnt.
6. Alle meine Träume sind in Erfüllung gegangen.
7. Mein Bewusstsein kennt keine Grenzen.
8. Ich habe Schwung und Ausdauer.
9. Alle meine Affirmationen werden jetzt wahr.

Nachwort

Nachdem Sie das Buch jetzt gelesen, die Übungen gemacht und die Affirmationen regelmäßig wiederholt haben, wissen Sie, dass Sie beginnen können, spirituell zu leben, indem Sie Ihr Bewusstsein wecken, Ihre emotionale Vergangenheit loslassen und sich verzeihen, damit Sie die Liebe erhalten können, die Sie verdient haben. Sie haben auch erfahren, dass die Garantie für ein spirituelles Leben darin besteht, dass Sie Ihre Wahl- und Entscheidungsfreiheit aktivieren, die Unterstützung wahrnehmen, die Sie erhalten, und alte Verhaltensmuster ablegen. Und jetzt wissen Sie überdies, dass Sie spirituell erfolgreich sind, indem Sie sich als Schöpfer wahrnehmen, visualisieren, finanziell in Freiheit leben und anderen dienen. Wenn Sie die ganze Zeit über achtsam und gewissenhaft waren, machen Sie jetzt allmählich Ihre eigenen umfassenden authentischen Erfahrungen mit dem spirituellen Leben.

Sie haben sich einen Reisegefährten gesucht und vielleicht auch noch andere spirituelle Verbündete gefunden. Sie werden immer zahlreicher, wenn Sie weiterhin mit voller Achtsamkeit spirituell leben. Auch ich bin immer mit von der Partie, Sie sind also nie allein auf dem Weg. Wenn Sie in

Zweifel geraten oder vom Wege abkommen, lesen Sie das Buch noch einmal von vorn durch. Meine ganze Energie ist darin enthalten.

Ich wünsche Ihnen, dass Sie die überfließende Freude kennen lernen, die Sie empfinden werden, wenn Sie dem Fluss Ihrer Spiritualität folgen. Ihre Liebesenergien und das Vertrauen in die spirituelle Fülle ziehen Liebe und die verschiedensten Ressourcen im Überfluss an. Erinnern Sie sich, dass wir alle eins sind. Während Sie immer tiefer in die Liebe und das Licht des spirituellen Lebens eintauchen, wachse und gedeihe ich mit Ihnen.

Genießen Sie es.

Alles Liebe, Gary

Postskriptum

Seit ich Vorträge halte und Seminare über das spirituelle Leben leite, erzählen mir meine Klienten und Kursteilnehmer häufig von den Freuden, Erfolgen und Wundern, die sie neuerdings erleben. Einige der »Postkarten«, die mir Ihre Reisegefährten geschickt haben, möchte ich Ihnen nicht vorenthalten, weil ich denke, dass sie Ihnen Hoffnung und Inspiration geben können. Aus Rücksicht auf die Absender nenne ich nur ihre Vornamen.

VON DONNA:
Ich habe einen Spirituell-leben-Workshop besucht, und es hat mich doch ziemlich überrascht, wie schwer es mir gefallen ist, den Satz »Ich bin genauso gut wie ihr« zu sagen und auch wirklich davon überzeugt zu sein. Als ich dann aber mit dem Mikrofon in der Hand vor dem ganzen Seminar stand, geschah etwas in mir. Vielleicht war es mein Schutzengel, der mir ins Ohr flüsterte: »Los, sag es, denn es ist doch die Wahrheit. Und außerdem bedeutet dir die Fotografie mehr als alles andere.« Dank der spirituellen Führung konnte ich diese Affirmation dann schließlich tatsächlich aussprechen. Als ich nach dem Seminar nach Hause kam,

erwartete mich ein Brief von der International Library of Photography. Das Foto, das ich bei einem Wettbewerb eingereicht hatte, war ins Semifinale gekommen und wird jetzt sogar in einem Buch abgedruckt.

VON BRIAN:
Nachdem ich einen Workshop über spirituelles Leben besucht hatte, wurde ich mir meiner ganzen positiven Energien bewusst und begann sie ins Universum hinauszuschicken. Innerhalb von zwei Wochen ergaben sich für mich als Schauspieler viele spannende Chancen. Das Telefon stand gar nicht mehr still. Ich bekam Engagements und mehrere Einladungen zum Vorsprechen. Innerhalb dieser zwei Wochen wurde ich auch für zwei national ausgestrahlte Werbespots gebucht. Ich spüre, dass sich das spirituelle Leben nicht nur tief in meinem Inneren auswirkt, sondern auch in der Außenwelt. Ich kann jetzt aus eigener Erfahrung bestätigen, dass die Informationen, die Gary gibt, genau den Tatsachen entsprechen.

VON AMANDA:
Als ich *Von Engeln geleitet* las, sagte ich laut: »Gary Quinn würde ich sehr gern einmal persönlich kennen lernen, ich möchte einen seiner Workshops besuchen und mich auch persönlich von ihm beraten lassen.« Drei Monate später erfuhr ich, dass Gary genau zu der Zeit in Toronto einen Workshop abhalten würde, in der auch ich in der Stadt sein wollte. Ein richtiges »Wunder«! Sofort habe ich mich für den Workshop angemeldet, und seither lebe ich spirituell.

Von Mary-Jo:
Ich bin seit Jahren Juristin, wollte aber schon immer als Künstlerin arbeiten. Als ich Garys Vortrag über das spirituelle Leben hörte, war ich hinterher so inspiriert, dass ich mir immer wieder sagte, ich sei bereits Künstlerin. Ich habe mit der Affirmation »Ich bin die weltbekannte Künstlerin« gearbeitet, und die letzten zwei Monate waren einfach unglaublich. Gerade ist meine erste Ausstellung zu Ende gegangen, und ich habe alle meine Werke verkauft. Erste Aufträge habe ich auch schon. Ich kann nur hoffen, dass auch andere Menschen anfangen, spirituell zu leben. Es ist einfach ein unglaubliches Gefühl, das zu tun, was ich liebe, und dafür auch noch geschätzt und bezahlt zu werden.

Von Sharon:
Seit ungefähr zwei Jahren lebe ich bewusst spirituell. Vor einem Jahr suchte ich ein Haus, fand aber partout keines, das ich bezahlen konnte. Also wandte ich die Prinzipien des spirituellen Lebens an und konzentrierte mich auf mein Ziel: ein Haus, das ich mir leisten konnte. Ich setzte mir einen Zeitrahmen von vier Monaten und visualisierte ein erschwingliches altes Haus, das ich renovieren konnte. Ich antwortete auf eine Anzeige, in der ein Gebäude aus dem Jahr 1904 angeboten wurde – für einen Dollar von der City of Portland. Das Problem war nur, dass man das Haus versetzen musste; aber die Stadt war bereit, sich mit zwanzigtausend Dollar an den Kosten zu beteiligen. Im Moment sind wir gerade am Auspacken. Es lohnt sich also wirklich, spirituell zu leben.

Von Leslie:
Gary hat sowohl meiner Tochter als auch mir beigebracht, spirituell zu leben. Wir »taten so, als ob« meine Tochter als Model bereits erfolgreich wäre, und so kam es dann auch. Ihr beruflicher Erfolg war das Ziel, auf das wir uns konzentriert haben, und ihre Karriere ist jetzt tatsächlich auf einem ziemlich guten Weg.

Sie war schon in verschiedenen Zeitschriften zu sehen, auf Plakaten und in Musikvideos. Die spirituellen Prinzipien wirken wirklich Wunder!

Von Tammy:
Ich war krank und holte im Laufe der Zeit verschiedene Meinungen über Heilungschancen bei Hypoglykämie, Schilddrüsenunterfunktion und Panikattacken ein. Aber egal, was ich auch ausprobierte, es schien mir immer schlechter zu gehen.

Nach einem Workshop bei Gary begann ich mich intensiv mit meiner Heilung zu befassen. Heute bin ich sicher, dass ich wieder ganz gesund werde und dass in meinem Leben viele gute Dinge geschehen. Von Tag zu Tag fühle ich mich stärker, liebevoller und lebendiger als in den letzten zehn Jahren.

Von David:
Dass ich bewusst spirituell lebe, hat mein Bewusstsein sehr verändert. Wo ich mich früher gestresst fühlte, entspanne ich mich heute und konzentriere mich auf meine Ziele. Ich habe mich erfolgreich selbstständig gemacht und meine neue Frau kennen gelernt. Gerade haben wir uns unser

»Traumhaus« auf Hawaii gekauft. Seit ich mich bewusst liebe und meine ganze Aufmerksamkeit auf meine Ziele richte, führe ich das Leben, von dem ich immer geträumt habe. Probieren Sie es aus! Ich garantiere Ihnen, dass Sie es nicht bereuen werden.

Dank

Ich bin allen Menschen zu Dank verpflichtet, die mich als Person und Lehrer/Lebensberater unterstützen, insbesondere den vielen Freunden und Klienten, mit denen ich das Privileg hatte zu arbeiten – denn letztlich unterstützt jeder, dem man begegnet, das eigene spirituelle Erwachen und Wachstum.

Ohne die professionelle Hilfe Chip Romers hätte dieses Buch nicht geschrieben werden können. Danke für alles.

Großer Dank auch an Barbara Moulton, meine Agentin und mein guter Geist. Danke für dein Vertrauen, deine Vision, deine Freundschaft und Geduld. Für dein fortwährendes Engagement für meine Arbeit bin ich dir sehr dankbar. Besonderer Dank auch an alle bei Hodder & Stoughton. Eure Vision machte dieses Buch möglich. Danke.

Patricia Gift, danke für deine Hingabe, Unterstützung und Liebe. Du bist mir immer eine Inspiration.

Debbie Luican, Nancy Burke, Elizabeth und Christopher Day, Ira Streitfeld, danke für eure Einsichten und Visionen, diese Welt gemeinsam zu heilen.

Danke, Christopher Watt, für deine Liebe, Unterstützung und Begeisterung.

Danke, Harold Dupré, für dein künstlerisches Talent, deine Unterstützung und deine Freundschaft.

Danke, Ute Ville und Nastassja Kinski für eure Freundschaft und Liebe.

Danke, Velma Cato, für dein Talent, deine Freundschaft, deinen Glauben, deine Vision und Brillanz. Ich freue mich schon auf unsere nächste Zusammenarbeit.

Danke, Bruce R. Hutton, CPA, für deine ständige Hilfe und Unterstützung.

Dank an DayBue International Publishing – an Nancy, Elizabeth, Dale, Christopher, Christin, Bob und Sarah für eure Energie und Unterstützung.

Dank an Jodere Group Publishing – an Debbie, Chad Edwards, Deb Ingersoll, Mary, Mark, Bernadette für euere Einsichten und eure Leidenschaft.

Literaturhinweise

Akers, Keith, *A Vegetarian Sourcebook*, Arlington 1983
Braden, Gregg, *Zwischen Himmel und Erde*, München 2005
Britten, Rhonda, *Keine Angst vor der Angst,* Bern/München 2002
Chopra, Deepak, *Die sieben geistigen Gesetze des Erfolges*, München 2004
Cole-Whittaker, Terry, *Every Saint Has a Past, Every Sinner a Future*, New York 2001
Dayton, Tian, *The Magic of Forgiveness*, Dearfield Beach 2003
Dwoskin, Hale, *The Sedona Method*, Sedona 2003
Finley, Guy, *Freedom from the Ties That Bind*, St. Paul 2000
Ford, Debbie, *Das Geheimnis des Schattens*, München 2003
Dies., *The Right Questions*, London 2004
Gooch, Brad, *Godtalk*, New York 2002
Hamilton, Maggie, *Coming Home,* London 2002
Hemingway, Mariel, *Finding My Balance*, New York 2003
Henner, Marilu, *Total Health Makeover,* London 1998

Humphrey, Naomi, *Understanding Meditation*, London 1998
Inglis, Les, *Diet for a Gentle World*, London 2000
Myss, Carolyn, *Sacred Contracts*, New York 2003
Okawa, Ryuo, *The Starting Point of Happiness*, New York 2001
Ruiz, Don Miguel, *Die vier Versprechen*, Bern/München 2001
Sasson, Gahl, und Steve Weinstein, *A Wish Can Change Your Life*, New York 2003
Steinman, David, *Diet for a Poisoned Planet,* New York 1990
Titmuss, Christopher, *Mindfulness for Everyday Living*, London 2002
Yogananda, Paramahansa, *Die ewige Suche des Menschen*, Los Angeles 2001
Ders., *To Be Victorious in Life*, Los Angeles 2002